Impressum
Verlag: BABADADA GmbH, Nedderfeld 112 , 22529 Hamburg
Geschäftsführer / Verlagsleitung: Harald Hof
Druck: Books on Demand GmbH, In de Tarpen 42, 22848 Norderstedt

Imprint
Publisher: BABADADA GmbH, Nedderfeld 112 , 22529 Hamburg, Germany
Managing Director / Publishing direction: Harald Hof
Print: Books on Demand GmbH, In de Tarpen 42, 22848 Norderstedt

قوتابخانە

σχολείο

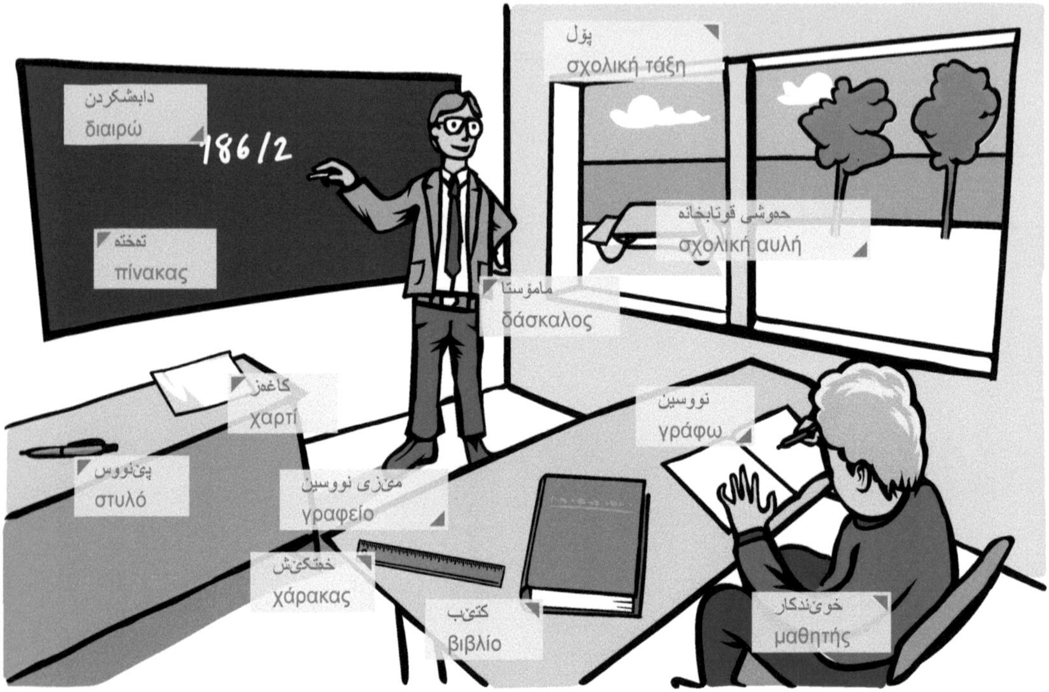

پۆل
σχολική τάξη
دابەشکردن
διαιρώ
186/2
تەختە
πίνακας
حەوشی قوتابخانە
σχολική αυλή
مامۆستا
δάσκαλος
کاغەز
χαρτί
نووسین
γράφω
پێنووس
στυλό
مێزی نووسین
γραφείο
خەتکێش
χάρακας
کتێب
βιβλίο
خوێندکار
μαθητής

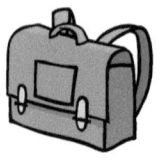

چەواڵ
....
σχολική τσάντα

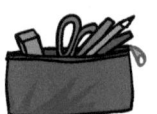

جانتای پێنووس
....
κασετίνα/ μολυβοθήκη

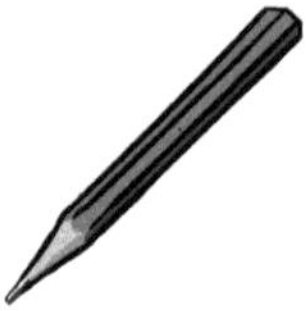

پێنووس
....
μολύβι

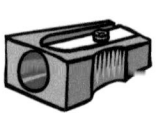

تیژکەرەوەی پێنووس
....
ξύστρα

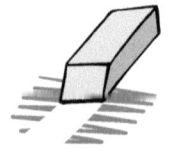

ڕەشکەرەوە
....
γόμα

پەدی نیگارکێشان
....
μπλοκ ζωγραφικής

نیگارکێشان

ζωγραφική

فڵچەی ڕەنگ

πινέλο

قوتووی ڕەنگ

κουτί χρωμάτων

مەقەست

ψαλίδι

چەسپ، گەتیرە

κόλλα

کتێبی ڕاهێنان

τετράδιο ασκήσεων

کاری ماڵەوە

εργασία για το σπίτι

ژمارە

αριθμός

2+2

زیدەکردن

προσθέτω

کەمکردن

αφαιρώ

لێکدان

πολλαπλασιάζω

حسابکردن، ژماردن

υπολογίζω

پیت

γράμμα

ABCDEFG
HIJKLMN
OPQRSTU
VWXYZ

نەلفوبێ

αλφάβητο

hello

وشە

λέξη

نووسراوه، دەق

κείμενο

خوێندنەوە

διαβάζω

گەچ

κιμωλία

خۆل، دەرس

μάθημα

تۆمارکردن

εγγράφομαι

نەزموون، تاقیکردنەوه

τεστ

بڕوانامه

πιστοποιητικό

جلی قوتابخانه

μαθητική στολή

پەروەردە

εκπαίδευση

زانیاری نامه

εγκυκλοπαίδεια

زانکۆ

πανεπιστήμιο

میکرۆسکۆپ

μικροσκόπιο

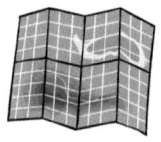

خەریتە، نەخشه

χάρτης

سەبەتەی کاغەز

καλάθι αχρήστων

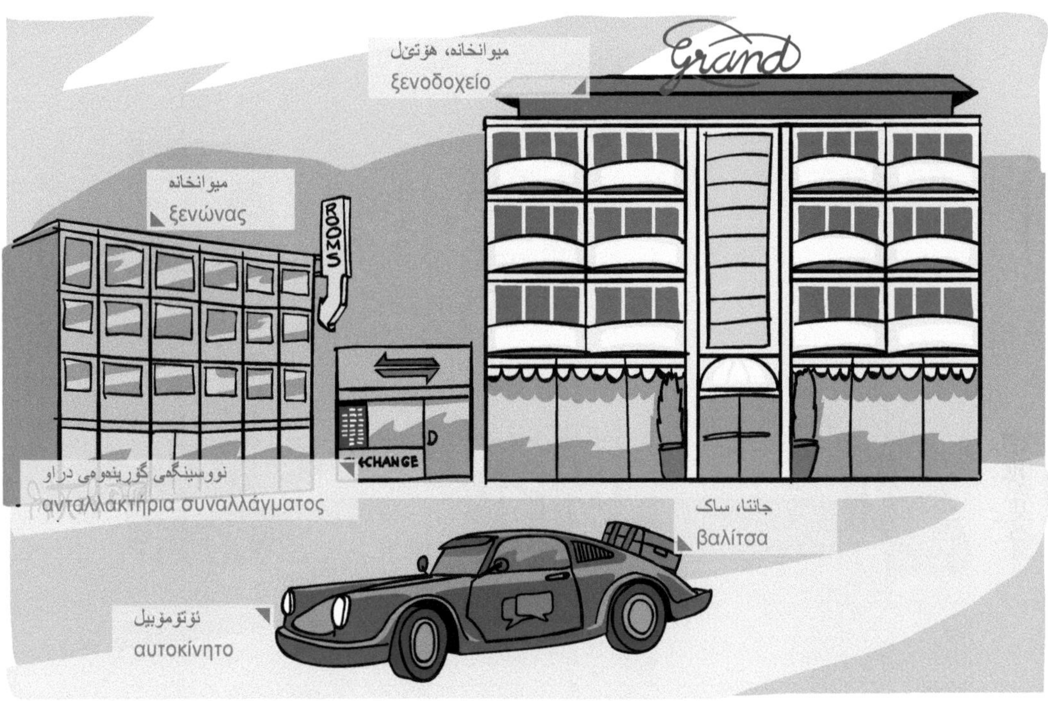

میوانخانە، هۆتێل
ξενοδοχείο
Grand
میوانخانە
ξενώνας
ROOMS
CHANGE
نووسینگەی گۆڕینەوەی دراو
ανταλλακτήρια συναλλάγματος
جانتا، ساک
βαλίτσα
ئۆتۆمۆبیل
αυτοκίνητο

زمان

γλώσσα

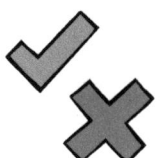

بەڵێ / نەخێر

ναι / όχι

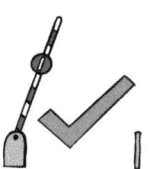

باشە

εντάξει

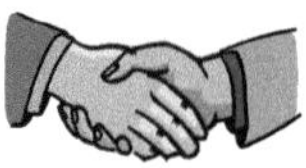

سڵاو

γεια σου

وەرگێڕی دەق

μεταφραστής

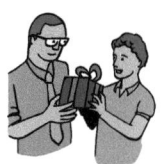

سپاس

Ευχαριστώ

بمچەندە، ...؟

πόσο κάνει ;

من تێناگەم

Δε καταλαβαίνω

کێشە

πρόβλημα

ئێوارە باش!

Καλησπέρα!

بەیانی باش!

Καλημέρα!

شەو باش!

Καληνύχτα!

مالّئاوا، بخێرجی

Αντίο

ئاراستە، ڕێڕەو

κατεύθυνση

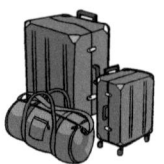

جانتا

αποσκευές

جانتا

τσάντα

کۆڵەپشتی

σακίδιο πλάτης

میوان

καλεσμένος

ژوور، دیو

δωμάτιο

کیسەخەو

υπνόσακος

چادر، دەوار

σκηνή

زانیاری بۆ گەشتیار

τουριστικές πληροφορίες

کەناراو

παραλία

کارتی قەرز

πιστωτική κάρτα

نانی بەیانی

πρωινό

نانی نیوەڕۆ

μεσημεριανό

نانی شەو

δείπνο

بلیت

εισιτήριο

ئاسانسۆر

ανελκυστήρας

پوول، تەمبر

γραμματόσημο

سنوور

σύνορα

گومرک

τελωνείο

بالوێزخانە

πρεσβεία

ڤیزا

βίζα

پاسپۆرت

διαβατήριο

سەفەر - ταξίδι

7

گواستنەوە

μεταφορά

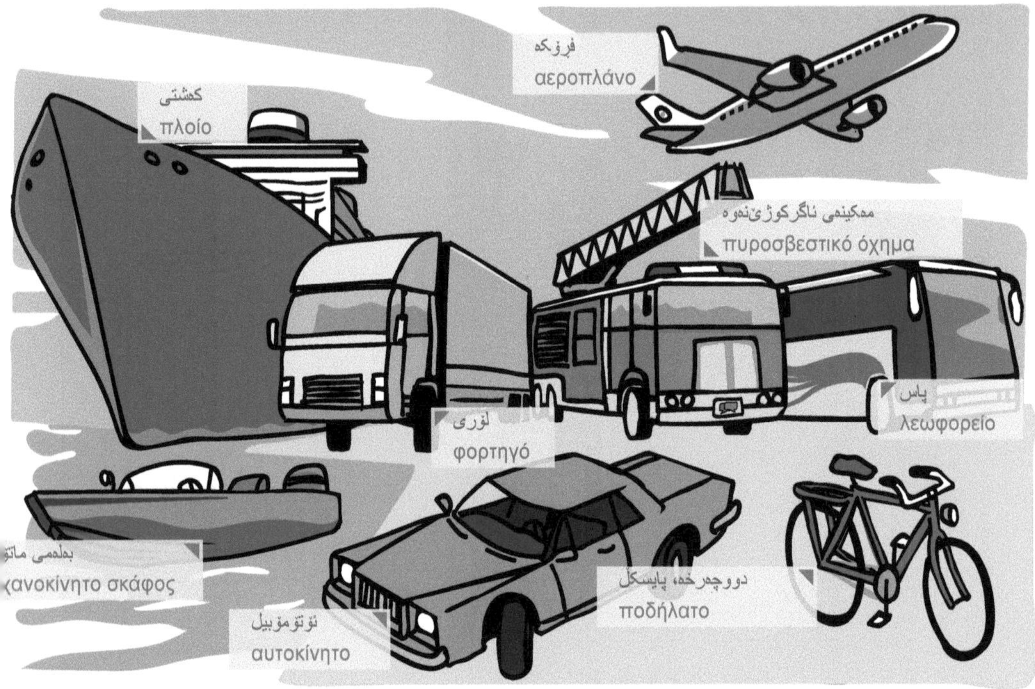

فڕۆکە
αεροπλάνο
کەشتی
πλοίο
مەکینەی ئاگرکوژێنەوە
πυροσβεστικό όχημα
پاس
λεωφορείο
لۆری
φορτηγό
بەلەمی ماتۆ
ανοκίνητο σκάφος
دووچەرخە، پایسکل
ποδήλατο
ئۆتۆمۆبیل
αυτοκίνητο

کەشتی گواستنەوە

....

φεριμπότ

بەلەمی ماتۆڕی

....

βάρκα

ماتۆڕ

....

μοτοσικλέτα

ئوتومبێلی پۆلیس

....

περιπολικό

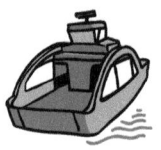

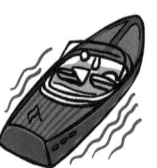

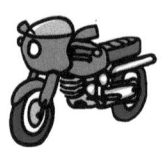

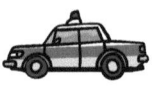

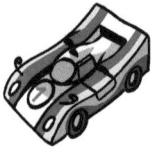

ئوتومبێلی پێشبڕکێ

....

αγωνιστικό αυτοκίνητο

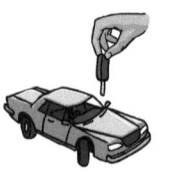

ئۆتۆمۆبیلی کرێ

....

ενοικιαζόμενο αυτοκίνητο

نۆتۆمۆبیل هاوبەشکردن

διαμοιρασμός αυτοκινήτων

لۆری رایاکێشکردن

γερανός

ماتۆر

κινητήρας

تابلۆی هاتووچۆ

πινακίδα σήμανσης

شوێنی راگرتنی نۆتۆمۆبیل

χώρος στάθμευσης

سووتەمەنی

καύσιμο

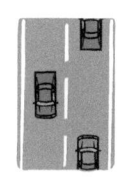

هاتووچۆ

κυκλοφορία

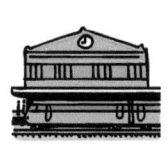

وێستگەی شەمەندەفەر

σιδηροδρομικός σταθμός

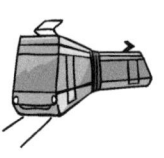

قەتاری سەرشەقام

τραμ

لۆری زبڵ

απορριμματοφόρο

وێستگەی بەنزین

βενζινάδικο

ترافیک

κυκλοφοριακή συμφόρηση

هێڵی ناسن

σιδηροδρομικές γραμμές

داشقە

βαγόνι

شەمەندەفەر

τρένο

هەلیکۆپتەر

ελικόπτερο

فرۆکەخانە

αεροδρόμιο

بورج

πύργος

نەفەر

επιβάτης

دەفر، کانتینەر

εμπορευματοκιβώτιο

کارتۆن

χαρτοκιβώτιο

داشقە

καρότσι

سەومتە

καλάθι

هەڵفڕین / نیشتن

απογειώνομαι /
προσγειώνομαι

گوند، دێنهات

χωριό

ناوەندی شار

κέντρο της πόλης

ماڵ، خانوو

σπίτι

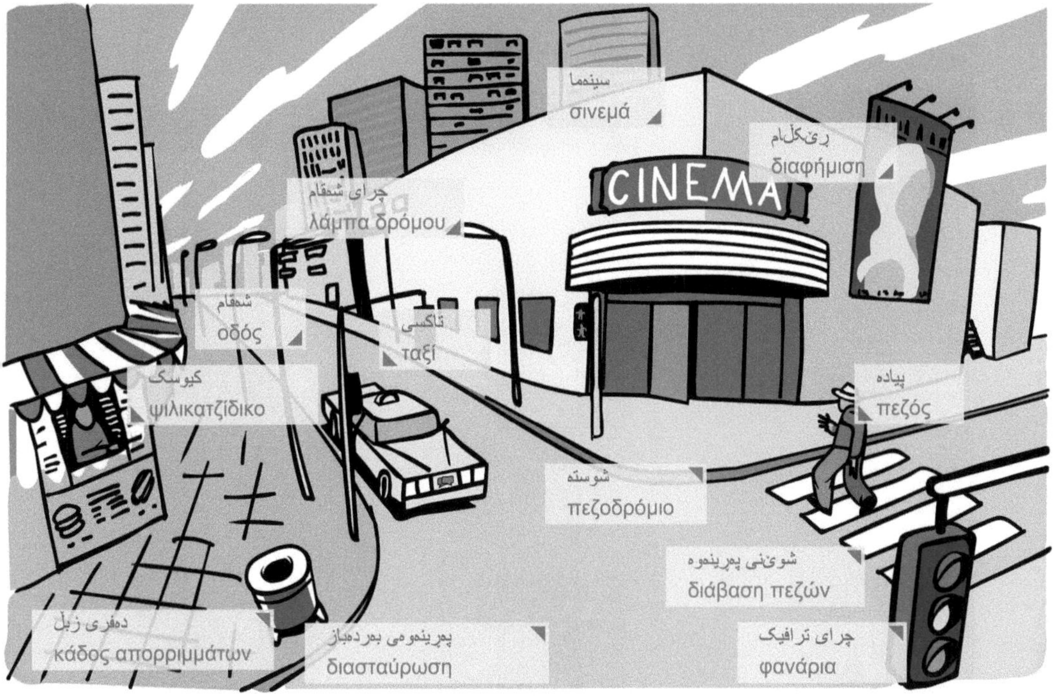

سینەما
σινεμά
ڕێکلام
διαφήμιση
CINEMA
چرای شەقام
λάμπα δρόμου
شەقام
οδός
تاکسی
ταξί
کیوسک
ψιλικατζίδικο
پیادە
πεζός
شوستە
πεζοδρόμιο
شوێنی پەڕینەوە
διάβαση πεζών
دەفری زبڵ
κάδος απορριμμάτων
پەڕینەوەی بەردەباز
διασταύρωση
چرای ترافیک
φανάρια

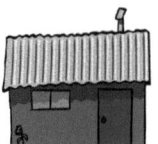

خانووچکە

καλύβα

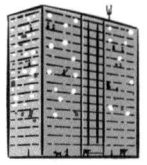

نهۆم، باڵەخانە

διαμέρισμα

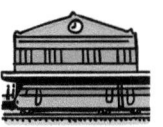

وێستگەی شەمەندەفەر

σιδηροδρομικός σταθμός

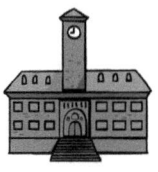

کۆشکی شارەوانی

δημαρχείο

MUSEUM

مۆزەخانە

μουσείο

قوتابخانە

σχολείο

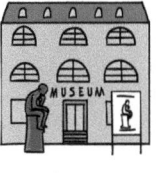

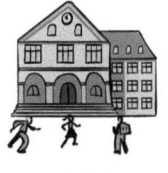

زانکۆ

πανεπιστήμιο

بانک

τράπεζα

نەخۆشخانە، خەستەخانە

νοσοκομείο

میوانخانه، هۆتێل

ξενοδοχείο

دەرمانخانه

φαρμακείο

نووسینگه، فەرمانگه

γραφείο

کتێبفرۆشی

βιβλιοπωλείο

دووکان

κατάστημα

گوڵفرۆشی

ανθοπωλείο

سوپەرمارکێت

σούπερ μάρκετ

بازار

αγορά

فرۆشگا

πολυκατάστημα

ماسیفرۆش

ιχθυοπωλείο

ناوەندی کڕین

εμπορικό κέντρο

بەندەر

λιμάνι

پارک

πάρκο

کورسی درێژ

παγκάκι

پرد

γέφυρα

پێ پیلکان

σκάλες

ژێردزەوی

μετρό

تۆنێل

τούνελ

وێستگەی پاس

στάση λεωφορείου

مەیخانە

μπαρ

رێستۆرانت

εστιατόριο

سندووقی پۆست

γραμματοκιβώτιο

تابلۆی شەقام

πινακίδα δρόμου

پێوەمەری پارکینگ

παρκόμετρο

باخچەی ئاژەڵان

ζωολογικός κήπος

حەوزی مەلە

πισίνα

مزگەوت

τζαμί

مەزرا

αγρόκτημα

پیسبوونی ژینگە

ρύπανση

قەبرستان، گۆڕستان

νεκροταφείο

کەنیسە

εκκλησία

شوێنی یاری

παιδική χαρά

پەرستگا

ναός

دیمەن

τοπίο

گەڵا
φύλλο

تابلۆی ڕێنیشاندەر
πινακίδα κατεύθυνσης

ڕێگا
δρόμος

مەرگ
λιβάδι

بەرد
πέτρα

دار
δέντρο

شاخەوان
πεζοπόρος

ڕووبار، چەم
ποτάμι

گژوگیا
χορτάρι

گوڵ
λουλούδι

دۆڵ، شیو
κοιλάδα

بەرزایی
λόφος

دەریاچە
λίμνη

دارستان
δάσος

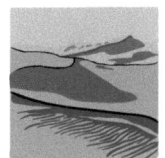

چۆڵەوار
έρημος

بورکان
ηφαίστειο

قەڵا
κάστρο

کۆلکەزێرینە
ουράνιο τόξο

کارگ
μανιτάρι

دارخورما
φοίνικας

مێشوولە
κουνούπι

مێشوولە
μύγα

مێروولە
μυρμήγκι

مێش هەنگوین
μέλισσα

جاڵجاڵووکە
αράχνη

قالونچه

σκαθάρι

بۆق

βάτραχος

سمۆره

σκίουρος

ژیشک

σκαντζόχοιρος

کەروێشکە کێوی

λαγός

کوند

κουκουβάγια

بالٝمنده

πουλί

قازی سپی

κύκνος

بەرازی کێوی

αγριογούρουνο

ناسک

ελάφι

بزنە کێوی

άλκη

بەنداو

φράγμα

تۆربینی با

ανεμογεννήτρια

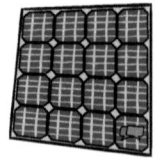

پەرەی خۆری

ηλιακός συλλέκτης

ئاووهەوا

κλίμα

ڕێستۆرانت

εστιατόριο

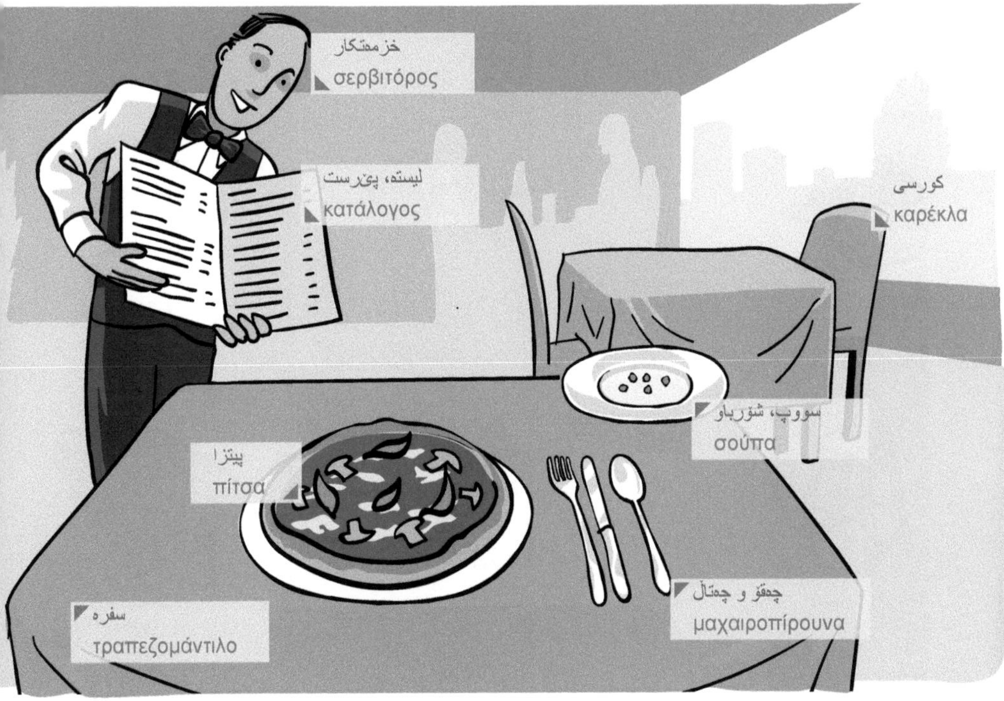

خزمەتکار
σερβιτόρος
لیستە، پێڕست
κατάλογος
کورسی
καρέκλα
سووپ، شۆرباو
σούπα
پیتزا
πίτσα
چەقۆ و چەتاڵ
μαχαιροπίρουνα
سفرە
τραπεζομάντιλο

خواردنی دەستپێک

ορεκτικό

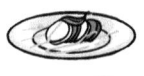

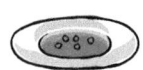

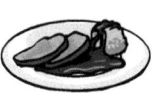

خواردنی سەرەکی

κύριο πιάτο

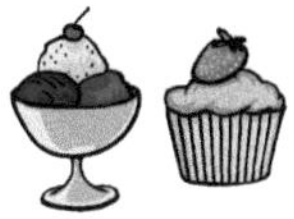

دێسێر

επιδόρπιο

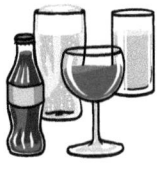

خواردنەوە

ποτά

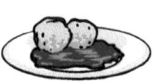

خواردن

φαγητό

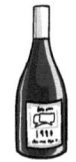

بوتڵ

μπουκάλι

خواردنی خێرا

φαστ φουντ

خواردنی سەرشەقام

φαγητό στ' όρθιο

قۆری

τσαγιέρα

قوتووى شەکر

δοχείο ζάχαρης

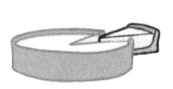

بەش

μερίδα

ئامێرى سازکردنى قاوەى ئێسپرەسۆ

μηχανή εσπρέσο

کورسى بەرز

ψηλή καρέκλα

تەنجوور

λογαριασμός

کەشتەف

δίσκος

چەقۆ

μαχαίρι

چنگاڵ

πιρούνι

کەوچک

κουτάλι

کەوچکى چا

κουταλάκι του τσαγιού

دەسمال

πετσέτα φαγητού

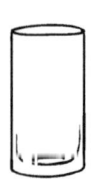

لیوان، پەرداخ

ποτήρι

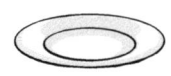

قاپ، دووری، دەفر

πιάτο

قاپی شۆرباو

πιάτο σούπας

ژێرپیاڵه

πιατάκι φλιτζανιού

سۆس

σάλτσα

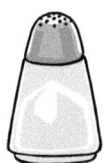

خوێدان

αλατιέρα

هاڕەری بیبار

μύλος για πιπέρι

سرکه

ξύδι

ڕۆن

λάδι

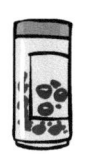

بهارات

μπαχαρικά

دۆشاوی تەمات، سۆسی تەماتە

κέτσαπ

سۆسی موستارد

μουστάρδα

سۆسی مایۆنێز

μαγιονέζα

سوپەرمارکێت

σούπερ μάρκετ

داشکاندنی تایبەتی
προσφορά
FOR
مشتەری
πελάτης
شیرەمەنی
γαλακτοκομικά προϊόντα
میوە
φρούτα
داشقە
καρότσι για ψώνια

BUTCHERS

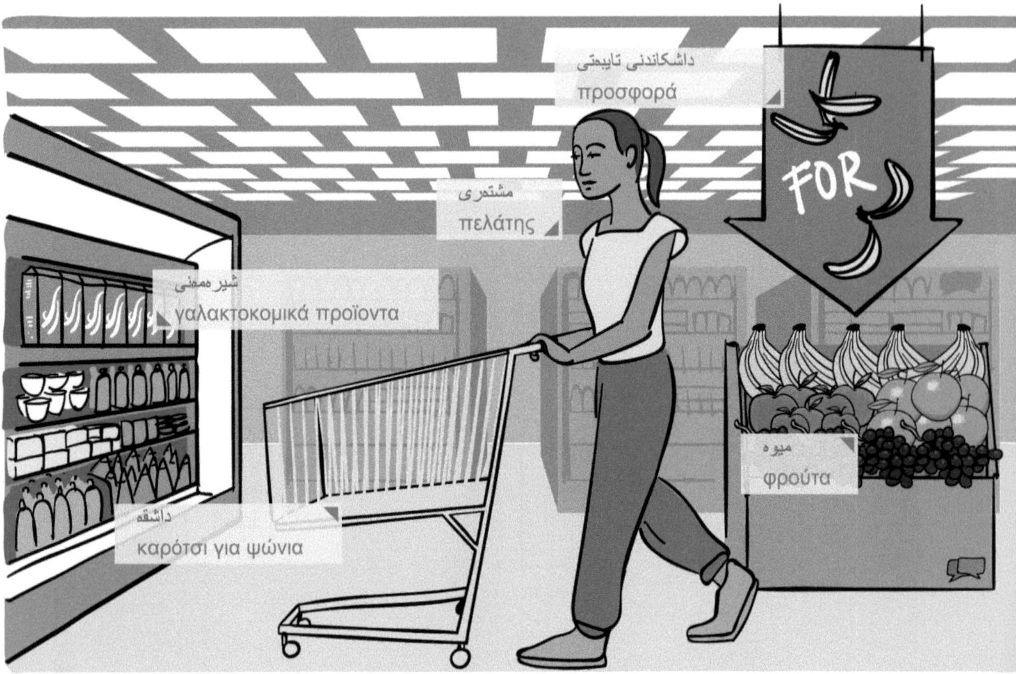

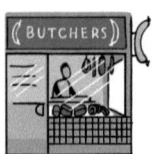

دووکانی قەسابی

κρεοπωλείο

BAKERY

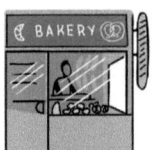

نانەواخانە

φούρνος

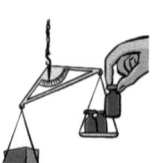

کێشان

ζυγίζω

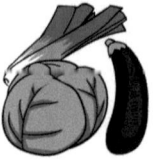

سەوزی

λαχανικά

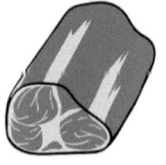

گۆشت

κρέας

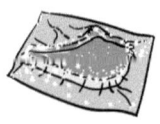

خواردنی بەستوو

κατεψυγμένα τρόφιμα

گۆشتی سارد

αλλαντικά

خواردنی کۆنسیرو

κονσερβοποιημένη τροφή

دهرمانی بشۆر

απορρυπαντικό ρούχων

شیرینی

γλυκά

بهرههمی خۆمالّی

οικιακά είδη

بهرههمی خاوێنکردنهوه

καθαριστικά προϊόντα

فرۆشیار

πωλήτρια

ژمێرهر

ταμείο

ژمێرریار، خهزمهندار

ταμίας

لیستی کرین

λίστα για ψώνια

کاتی دوام

ωράριο λειτουργίας

کیسهباخهلّ، جزدان

πορτοφόλι

کارتی قهرز

πιστωτική κάρτα

توورمکه، کیسه

τσάντα

توورمکه

πλαστική σακούλα

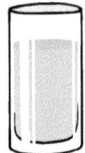

ناو

νερό

شەربەت

χυμός

شیر

γάλα

خەڵووز

κόκα κόλα

شەراب

κρασί

بیرە

μπίρα

ئەلکۆل

αλκοόλ

کاکاو

κακάο

چایی، چا

τσάι

قاوە

καφές

قاوەی ئێسپرەسۆ

εσπρέσο

کاپۆچینۆ

καπουτσίνο

مۆز

μπανάνα

سێو

μήλο

پرتەقاڵ

πορτοκάλι

كاڵەك

πεπόνι

لیمۆ

λεμόνι

گێزەر

καρότο

سیر

σκόρδο

حەیزەران

μπαμπού

پیاز

κρεμμύδι

كارگ

μανιτάρι

سەمموونە، گوێز، ناوکە

ξηροί καρποί

نوودڵ

νουντλς

ماکارۆنی

μακαρόνια

برینج

ρύζι

زەڵاتە

σαλάτα

چپس

πατατάκια

پەتاتەی برژاو، پەتاتەی سووروژکراو

τηγανητές πατάτες

پیتزا

πίτσα

هەمبرگەر

χάμπουργκερ

ساندویچ، دۆندرمە

σάντουιτς

پارچە گۆشت

κοτολέτα

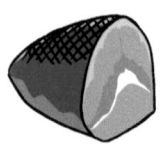

گۆشتی بەراز

ζαμπόν

گۆشتی بەراز

σαλάμι

سۆسیس

λουκάνικο

مریشک

κοτόπουλο

برژاندن، نرژان

ψητό

ماسی

ψάρι

شۆرباوی ساوار

χυλός βρώμης

دانەوێڵەی تێکەڵ

μούσλι

دانەوی دانەوێڵە

κορν φλέικς

ئارد

αλεύρι

کرۆسانت، نانێکی فەرەنسی

κρουασάν

نانی خڕ

ψωμάκι

نان

ψωμί

نانی برژاو

τοστ

بسکیت

μπισκότα

کەرە، ڕۆنی کەرە

βούτυρο

سەرتوێژ، توێژ

τυρόπηγμα

کەیک

κέικ

هێلکە

αυγό

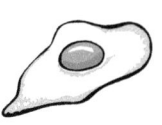

هێلکەی برژاو

τηγανητό αυγό

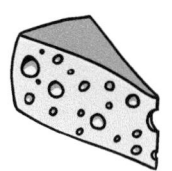

پەنیر

τυρί

بەستەنی، دۆندرمە

παγωτό

شەکر

ζάχαρη

ھەنگوین

μέλι

مرەبا

μαρμελάδα

خامەی نۆگات

άλλειμμα σοκολάτας

بەھارات

κάρυ

خواردن - φαγητό

مەزرا

αγρόκτημα

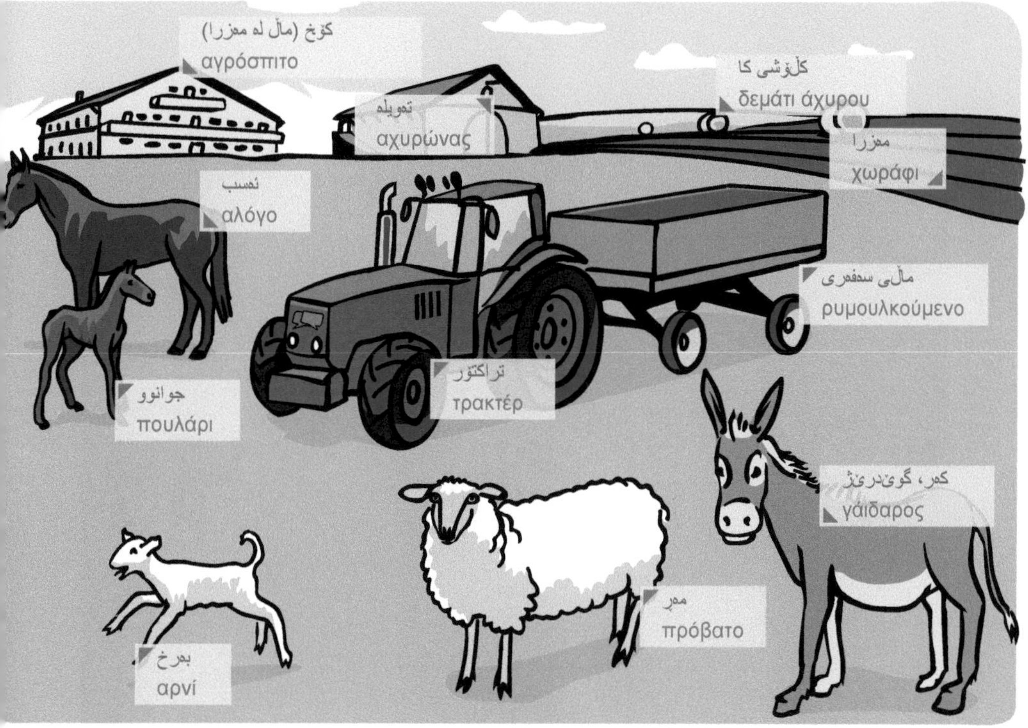

کۆخ (ماڵ لە مەزرا)
αγρόσπιτο
تەویلە
αχυρώνας
کڵۆشی کا
δεμάτι άχυρου
مەزرا
χωράφι
ئەسب
αλόγο
ماڵی سەفەری
ρυμουλκούμενο
جوانوو
πουλάρι
تراکتۆر
τρακτέρ
کەر، گوێدرێژ
γάιδαρος
مەڕ
πρόβατο
بەرخ
αρνί

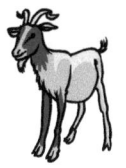

بزن
κατσίκα

مانگا
αγελάδα

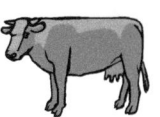

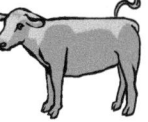

گوێلک
μοσχαράκι

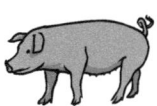

بەراز
γουρούνι

فەرخە بەراز
γουρουνάκι

جوانەگا
ταύρος

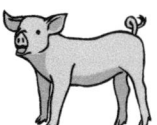

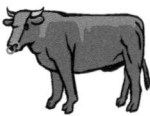

قاز

χήνα

مراوی

πάπια

جوجک

κοτοπουλάκι

مریشک

κότα

کەڵەشێر

κόκορας

جرج

αρουραίος

پشیلە

γάτα

مشک

ποντίκι

گا

βόδι

سەگ، سە

σκύλος

کونە سە

σπιτάκι σκύλου

سۆندە

λάστιχο κήπου

تونگمی ئاودان

ποτιστήρι

ملەمغان

θεριστήρι

گاسن

αλέτρι

داس

δρεπάνι

مەرە

τσάπα

شەنە

δίκρανο

تەور

τσεκούρι

عارەبانەی دەستیی

χειράμαξα

دەفری خواردنی ئاژەڵان

ταΐστρα

دەفری شیر

δοχείο γάλακτος

تەلیس

σάκος

پەرژین

φράχτης

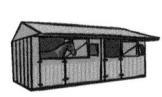

تەویلە

στάβλος

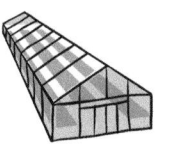

گوڵخانە

θερμοκήπιο

خۆڵ

έδαφος

دەنک، تۆک

σπόρος

پەیین

λίπασμα

کۆمباین

θεριζοαλωνιστική μηχανή

دروێنەکردن

θερίζω

خەرمان

συγκομιδή

پەتاتە

γιαμς

گەنم

σιτάρι

لووبیا، فاسۆلیا

σόγια

پەتاتە

πατάτα

گەنمەشامی

καλαμπόκι

جۆرێک دەخڵودان

κράμβη

داری بەری

οπωροφόρο δέντρο

سێوبنمەمرزیله

μανιόκα

دانەوێڵەی تێکەڵ

δημητριακά

ماڵ، خانوو

σπίτι

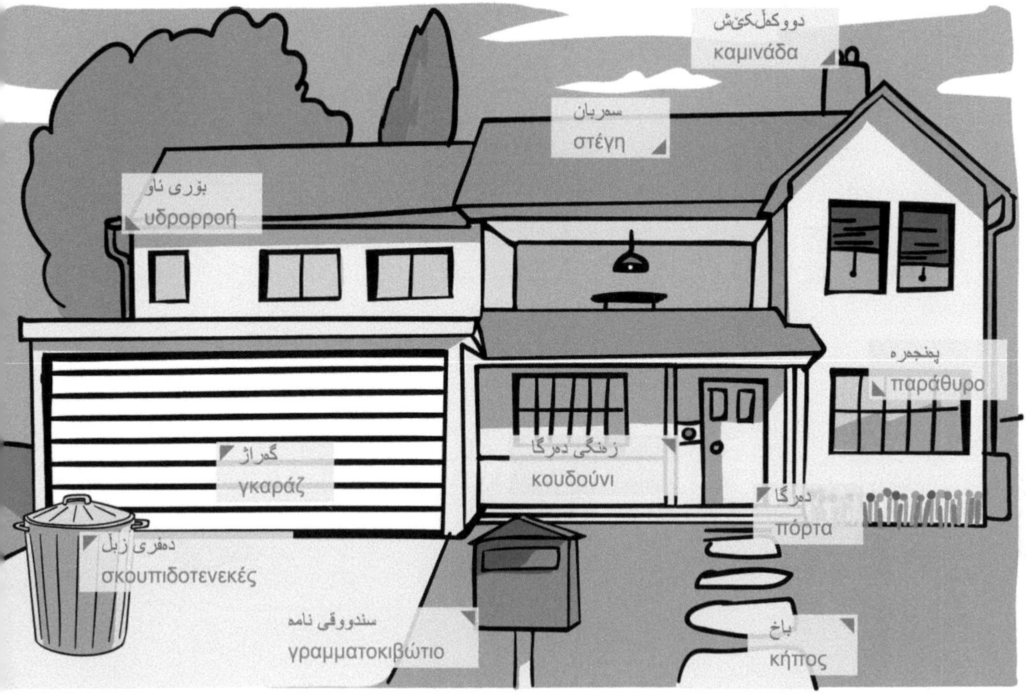

دووکەڵکێش
καμινάδα
سەربان
στέγη
بۆری ئاو
υδρορροή
پەنجەرە
παράθυρο
زەنگی دەرگا
κουδούνι
گەراژ
γκαράζ
دەرگا
πόρτα
دەفری زبڵ
σκουπιδοτενεκές
سندووقی نامە
γραμματοκιβώτιο
باخ
κήπος

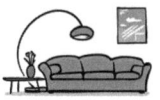

ژووری دانیشتن

σαλόνι

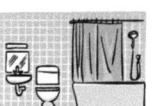

حەمام، ئاودەستخانە

μπάνιο

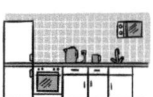

چێشتخانە

κουζίνα

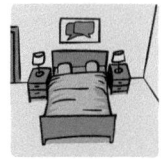

ژووی خەو

υπνοδωμάτιο

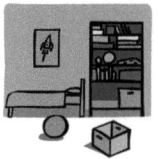

ژووری منداڵ

παιδικό δωμάτιο

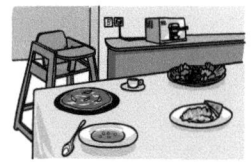

ژووری نانخوارن

τραπεζαρία

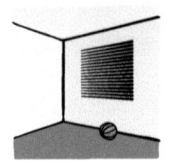

دالان، ئەرز

πάτωμα

دیوار

τοίχος

بن میچ

οροφή

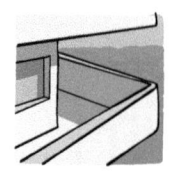

ژێرزەمین

κελάρι

ساونا

σάουνα

بالکۆن، ھەیوان

μπαλκόνι

ھەیوان

βεράντα

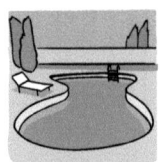

حەوز، مەلەوانگە

πισίνα

گژۆگیابڕ

μηχανή του γκαζόν

مەلافە

σεντόνι

مەلافەی نوێن

κάλυμμα κρεβατιού

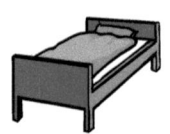

پڕتخەف، نوێن

κρεβάτι

سک

σκούπα

سەتڵ

κουβάς

سویچ، کلیل

διακόπτης

ژووری دانیشتن

σαλόνι

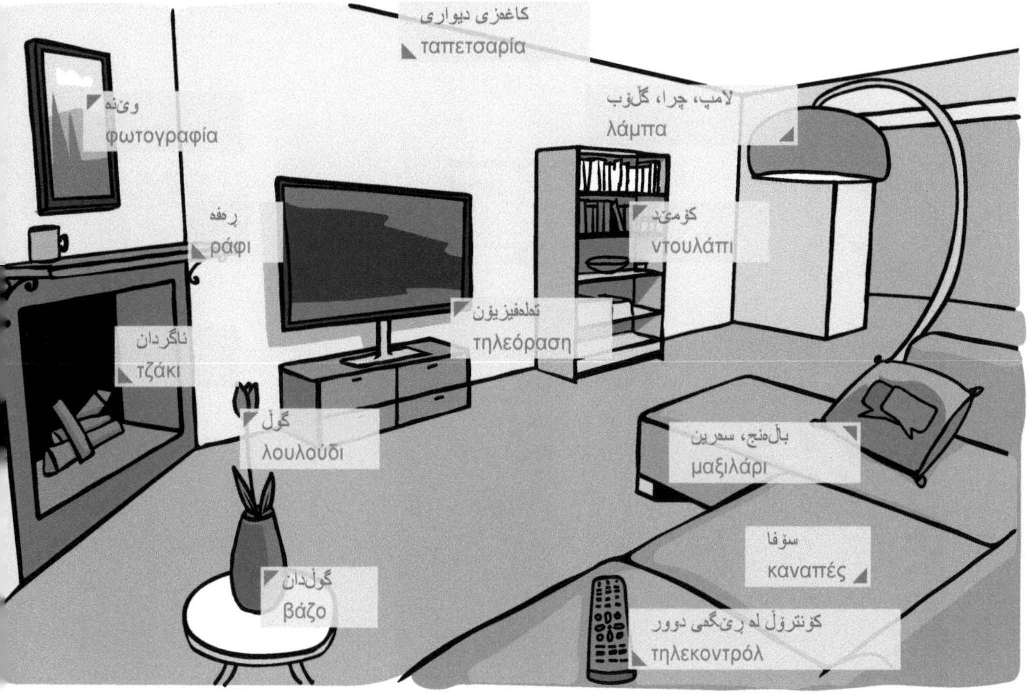

کاغەزی دیواری
ταπετσαρία
وێنە
φωτογραφία
لامپ، چرا، گڵۆپ
λάμπα
ڕەفە
ράφι
کۆمەد
ντουλάπι
تەلەفیزیۆن
τηλεόραση
ئاگردان
τζάκι
گوڵ
λουλούδι
باڵەنج، سەرین
μαξιλάρι
سۆفا
καναπές
گوڵدان
βάζο
کۆنترۆڵ لە ڕێگەی دوور
τηλεκοντρόλ

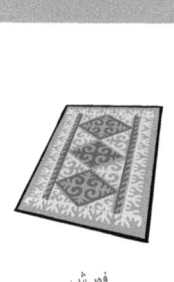

فەرش

χαλί

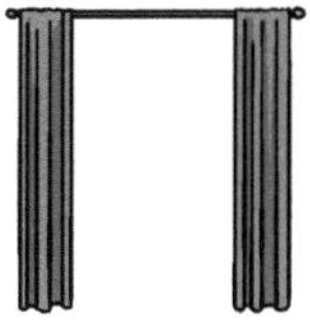

پەردە

κουρτίνα

مێز

τραπέζι

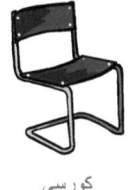

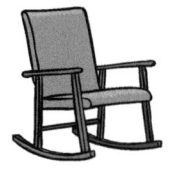

کورسی

καρέκλα

کورسی ڕاژاندن

κουνιστή πολυθρόνα

کورسی دەسکدار

πολυθρόνα

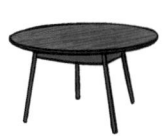

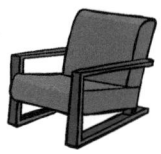

كتێب

βιβλίο

پەتوو، بەتانی

κουβέρτα

ڕازاندنەوە

διακόσμηση

داری سووتاندن

καυσόξυλα

فیلم

ταινία

ستریۆ

στερεοφωνικό σύστημα

کلیل

κλειδί

ڕۆژنامە

εφημερίδα

نیگار، نیگارکێشان

πίνακας ζωγραφικής

پۆستەر

αφίσα

ڕادیۆ

ραδιόφωνο

تێبینووس

σημειωματάριο

گسکی کارەبایی

ηλεκτρική σκούπα

کاکتووس

κάκτος

مۆم

κερί

σαλόνι - ژووری دانیشتن

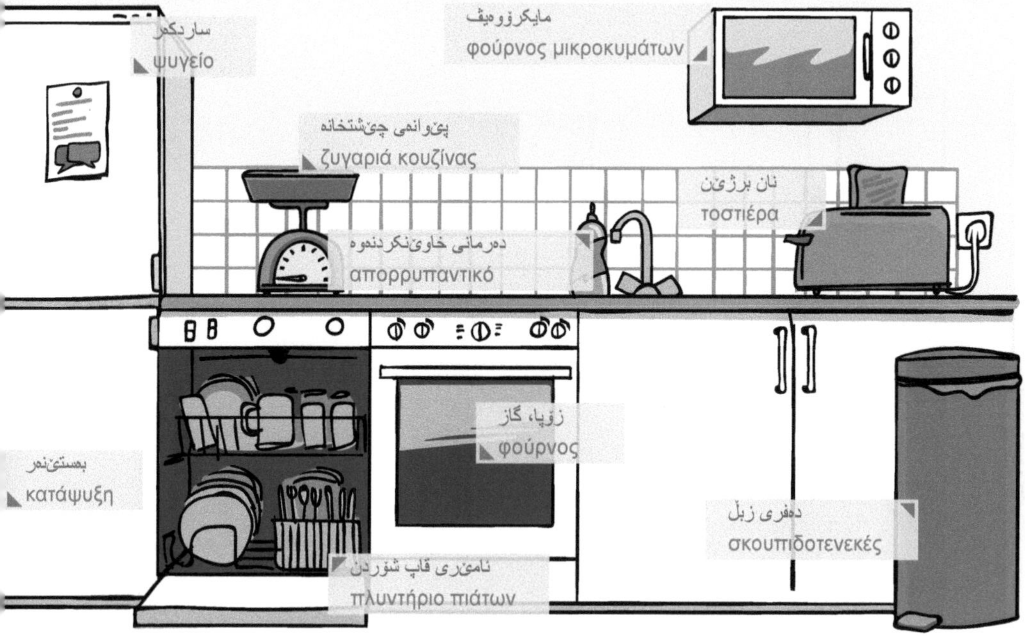

مایکرۆوەیڤ
φούρνος μικροκυμάτων

ساردکەر
ψυγείο

پێوانەی چێشتخانه
ζυγαριά κουζίνας

نان برژێن
τοστιέρα

دەرمانی خاوێنکردنەوە
απορρυπαντικό

بەستێنەر
κατάψυξη

زووپا، گاز
φούρνος

دەفری زبڵ
σκουπιδοτενεκές

ئامێری قاپ شۆردن
πλυντήριο πιάτων

چێشتلێنەر
κουζίνα

مەنجەڵ
κατσαρόλα

قاپی نوتوو
μαντεμένια κατσαρόλα

تاوەی قووڵ
γουόκ/κανται

تاوه
τηγάνι

کەتری، ناوگەمکەر
βραστήρας

چۆشتلۆنەری هەڵمی

ατμομάγειρας

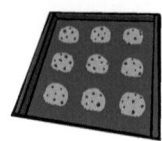

کەشفی نانکردن

ταψί

قاپ و قاچاغ

πιατικά

کۆپ

κούπα

قاپ

μπολ

چیلکەی نانخواردن

ξυλάκια

نەسکوێ

κουτάλα

کەوگیر

σπάτουλα

گسک

ανακατεύω

سووزمە

σουρωτήρι

بێژنگ

σουρωτηράκι

نامۆێری جنینی پەنیر و سەوزە

τρίφτης

دەستار

γουδί

برژاندن

ψησταριά

ناگر

ανοιχτή φωτιά

تمختمی وردکردن
سανίδα κοπής

تیرۆک
πλάστης

بورغی فلین
ανοιχτήρι φελλών

قوتوو
κονσέρβα

قوتووکەرموه
ανοιχτήρι κονσέρβας

دسرەی مەنجەڵ
γάντι φούρνου

دەسشۆر
νεροχύτης

فڵچه
βούρτσα

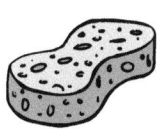

ئیسفەنج
σφουγγάρι

تێکەڵکەر
μπλέντερ

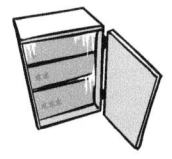

قەرمەسی
καταψύκτης

شووشه شیر
μπιμπερό

شوێری ناو
βρύση

دووشی ناو، خورژم
ντους

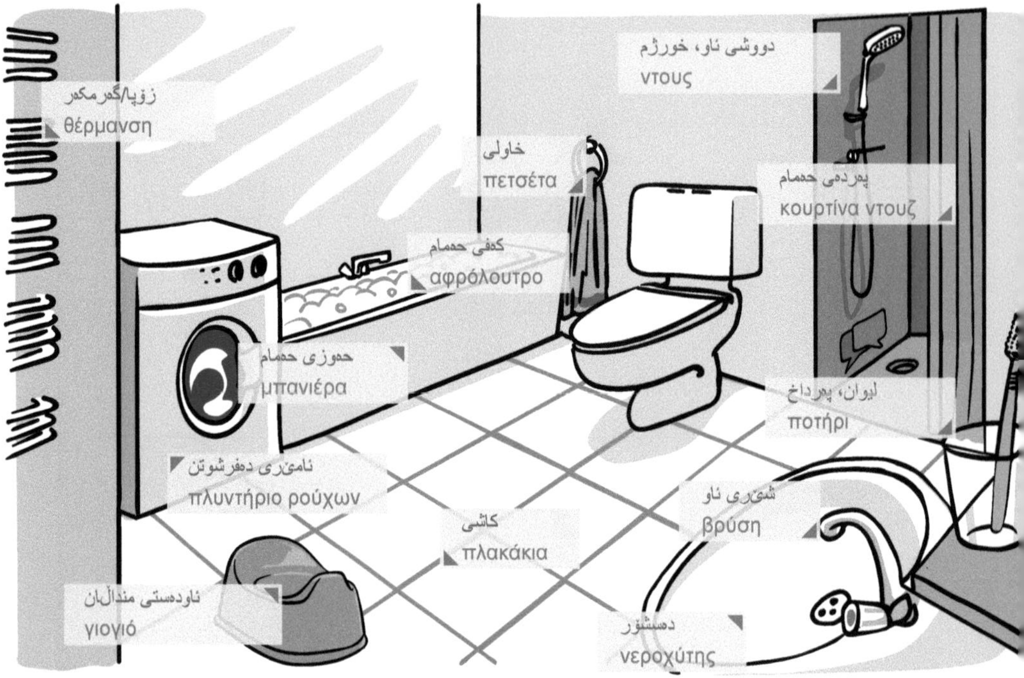

زۆیا/گەرمکەر
θέρμανση

خاولی
πετσέτα

پەردەی حەمام
κουρτίνα ντουζ

کەڤی حەمام
αφρόλουτρο

حەوزی حەمام
μπανιέρα

لیوان، پەرداخ
ποτήρι

نامێری دەفرشوتن
πλυντήριο ρούχων

شۆری ناو
βρύση

کاشی
πλακάκια

ناودەستی مندال‌بان
γιογιό

دەستشۆر
νεροχύτης

ناودەست، توالێت
τουαλέτα

توالێتی نزم، ناودەست
τούρκικη τουαλέτα

جۆرێک توالێت
μπιντές

توالێت، ناودەست
ουρητήριο

کاغەزی ناودەستخانە
χαρτί υγείας

فڵچەی ناودەستخانە
πιγκάλ

فڵچمی ددان

οδοντόβουρτσα

خەمیری ددان

οδοντόκρεμα

بنی ددان

οδοντικό νήμα

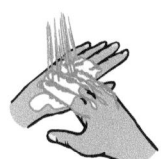

شۆردن، شوتن

πλένω

خورژمی دەستی

τηλέφωνο ντους

دووش

ντουσιέρα

کاسەی دەستوچاوشوتن

λεκάνη

فڵچمی پشت

βούρτσα πλάτης

سابوون

σαπούνι

جێڵی خۆشوتن

αφρόλουτρο

شامپۆ

σαμπουάν

فلانێڵ

φανέλα

ناوەڕۆ

σιφόνι

کرێم

κρέμα

بۆنخۆشکەرە

αποσμητικό

ناوئنه

καθρέφτης

ناوئنهى دهستى

καθρέφτης χειρός

مهكينهى ريش تاشين

ξυραφάκι

سابوونى ريش تاشين

αφρός ξυρίσματος

كرێمى دواى ريش تاشين

αφτερσέιβ

شانه

χτένα

فلّچه

βούρτσα

سێشوار، سهرنيشككهردوه

σεσουάρ

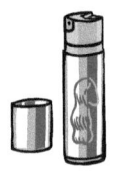

سپرهى قژ

λακ

سوور اوسپياو

μακιγιάζ

سووراو

κραγιόν

رهنگى نينۆک

βερνίκι νυχιών

لۆکه

βαμβάκι

مهقهستى نينۆک

ψαλίδι νυχιών

عهتر

άρωμα

حهممام، ناودهستخانه - μπάνιο

کیسەی حەمام

νεσεσέρ

کورسی بێ پشت

σκαμπό

پێوەر

ζυγαριά

خاولی حەمام

μπουρνούζι

دەستەوانەی چەرم

ελαστικά γάντια

تامپۆن

ταμπόν

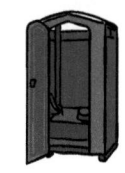

خاولی خاوێنکردنەوە

πετσέτα υγιεινής

ناودەستی کیمیایی

χημική τουαλέτα

ژووری منداڵ
παιδικό δωμάτιο

سەعاتی زەنگدار
ξυπνητήρι
گەمەی شیرن
λούτρινο ζωάκι
ماشێنی یاری
αυτοκινητάκι
شەقشەقەی منداڵ
κουδουνίστρα
خانووی بووکەشووشە
κουκλόσπιτο
دیاری
δώρο

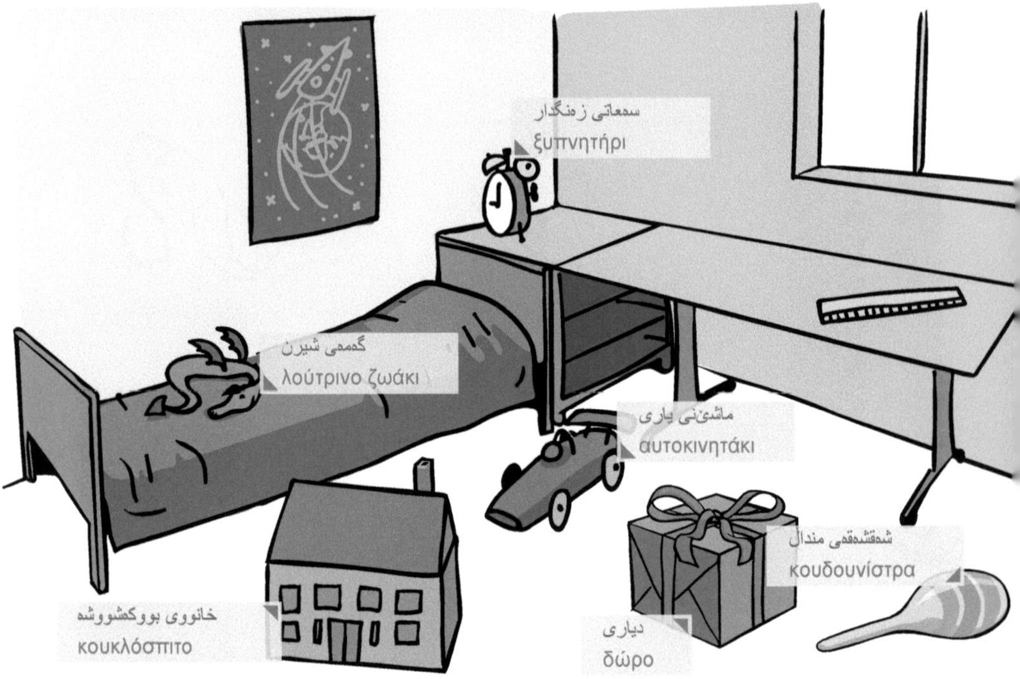

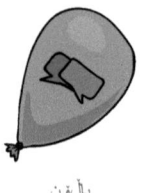

باڵۆن

μπαλόνι

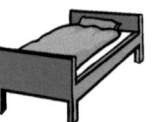

پێخەف، نوێن

κρεβάτι

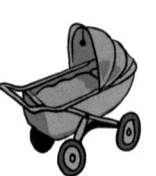

داشقەی منداڵ

καροτσάκι

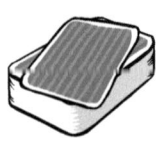

گەمەی کارت

τράπουλα

مەتەڵ، مەتەڵۆک

παζλ

SUPER
MEGA

کۆمێدی

κόμικς

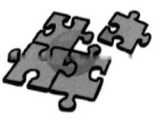

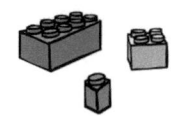

خشتی لێگۆ

τουβλάκια lego

خشتی یاری

τουβλάκια κατασκευών

بووکە شووشە

φιγούρα δράσης

جلی مندال

βρεφικό φορμάκι

یاری فریزبی

φρίσμπι

بزۆک، جووڵێنراو

μόμπιλο

یاری تەختە

επιτραπέζιο παιχνίδι

مۆرە

ζάρια

مۆدێلی شەمەندەفەر

σετ τρενάκι

مەمکە مژە

πιπίλα

میوانی، جەژن

πάρτι

کتێبی وێنەدار

εικονογραφημένο βιβλίο

تۆپ

μπάλα

بووکەشووشە

κούκλα

کایە کردن، یاری کردن

παίζω

قۆرتی خیزوخۆڵ
....
σκάμμα με άμμο

جۆلانه
κούνια

کایەی منداڵان، یاری منداڵان
....
παιχνίδια

گەمەی ویدیۆیی
κονσόλα βιντεοπαιχνιδιών

سێچەرخه
....
τρίκυκλο

ورچی یاری
αρκουδάκι

کەنتۆر
....
ντουλάπα

گۆرەوی
....
κάλτσες

گۆرەوی درێژ
....
καλτσοδέτες

گۆرەوی درێژ
καλσόν

شاڵی مل
κασκόλ

چتر
ομπρέλα

کراس
μπλουζάκι

قایش، پشتێن
ζώνη

چمکمه، پۆتین
μπότες

پێڵاوی مل
παντόφλες

پێڵاو
αθλητικά παπούτσια

پاپوچ
σανδάλια

کەوش، پێڵاو
παπούτσια

چمکمەی چەرم
γαλότσες

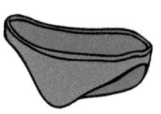

پانتۆڵی ژێرەوه
εσώρουχο

ستیان، سوخمه
σουτιέν

جلیسقه
φανέλα

شلم، جسته

σώμα

پانتۆل

παντελόνι

پانتۆل

τζιν παντελόνι

دامن، تەنووره

φούστα

کراس

μπλούζα

کراس

πουκάμισο

بلووز

πουλόβερ

بلووز

πουλόβερ

چاکەت

σακάκι

چاکەت

μπουφάν

بالتۆ

παλτό

بارانی

αδιάβροχο πανωφόρι

پۆشاک

κοστούμι

کراسی ژنانه

φόρεμα

جلی زەماوەند

νυφικό

چاکەت و پانتۆڵ

κοστούμι

جلی خەو

νυχτικό

جلی خەو

πιτζάμες

ساری

σάρι

لەچکە

μαντήλι

جەمەدانە، سەرپێچ

τουρμπάνι

بۆرکا

μπούρκα

کەفتان

καφτάνι

عەبا

μουσουλμανικό ένδυμα

جل و بەرگی مەلەمکردن

ολόσωμο μαγιό

پانتۆڵی مەلە

ανδρικό μαγιό

پانتۆڵی کورت

σορτς

جلوبەرگی ڕاهێنان

αθλητική φόρμα

بەروانکە، بەرکوشە

ποδιά

دەستەوانە

γάντια

دوگمه
......
κουμπί

چاویلکه
......
γυαλιά

بازنه
......
βραχιόλι

ملوانکه
......
περιδέραιο

ئەنگوستیله
......
δαχτυλίδι

گواره
......
σκουλαρίκι

کڵاو
......
καπέλο

داری جل هەڵواسین
......
κρεμάστρα

کڵاو
......
καπέλο

بۆینباخ
......
γραβάτα

زیپ
......
φερμουάρ

کڵاوی پارێزەر
......
κράνος

هەڵگر
......
τιράντες

جلی قوتابخانه
......
μαθητική στολή

یمکپۆش
......
στολή

بەرلیکە، بەمرکۆشی مندال

σαλιάρα

مەمکە مژە

πιπίλα

دایبی، پەرۆشۆر

πάνα

نووسینگە، فەرمانگە
γραφείο

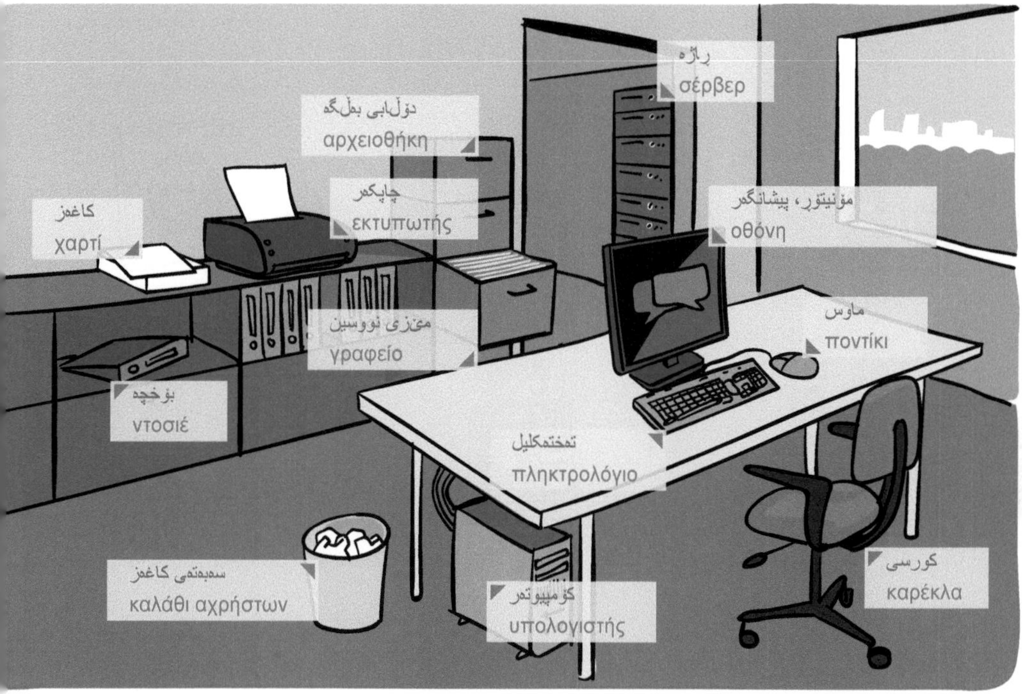

رلِژە
σέρβερ

دۆلابی بەڵگە
αρχειοθήκη

مۆنیتۆر، پیشانگر
οθόνη

کاغەز
χαρτί

چاپکەر
εκτυπωτής

ماوس
ποντίκι

مێزی نووسین
γραφείο

بۆخچە
ντοσιέ

تەختەکلیل
πληκτρολόγιο

سەبەتەی کاغەز
καλάθι αχρήστων

کۆمپیوتەر
υπολογιστής

کورسی
καρέκλα

کۆپی قاوە

κούπα του καφέ

ژمێرەر

κομπιουτεράκι

ئینتەرنێت

ίντερνετ

لهپتۆپ

λάπτοπ

نامه

γράμμα

پهیام

μήνυμα

موبایل، تهلهفۆنی دەست

κινητό

تۆڕ

δίκτυο

نامهئری لهبهرگرتنهوه، کۆپیکهر

φωτοτυπικό μηχάνημα

نهرممکالا

λογισμικό

تهلهفۆن

τηλέφωνο

ساکهئتی دووشاخه

πρίζα

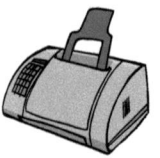

نامهئری فهکس

συσκευή φαξ

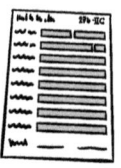

فۆرم

έντυπο

بهڵگه

έγγραφο

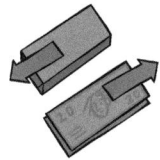

كڕين

αγοράζω

پارەدان

πληρώνω

بازرگانى، ئاڵوگۆڕكردن

συναλλάσσομαι

پارە، دراو

χρήματα

دۆلار

δολάριο

يۆرۆ

ευρώ

يەن

γιεν

ڕوبڵی ڕووسى

ρούβλι

فرانكى سويسى

ελβετικό φράγκο

يوان، يەكەى دراوى چينى

ρενμίνμπι γιουάν

ڕووپيە

ρουπία

مەكينەى پارە

ATM (αυτόματη ταμειακή μηχανή)

نووسینگەی گۆڕینەوەی دراو

ανταλλακτήρια
συναλλάγματος

زێڕ

χρυσός

زیو

ασήμι

نەوت

πετρέλαιο

وزە

ενέργεια

بەها، نرخ

τιμή

رێکەوتننامە

συμβόλαιο

باج

φόρος

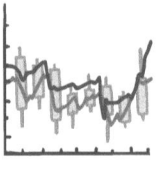

سەھام

μετοχή

کارکردن

δουλεύω

کارمەند، کارکەر

υπάλληλος

خاوەنکار

εργοδότης

کارخانە

εργοστάσιο

دووکان

κατάστημα

ئیشەکان

επαγγέλματα

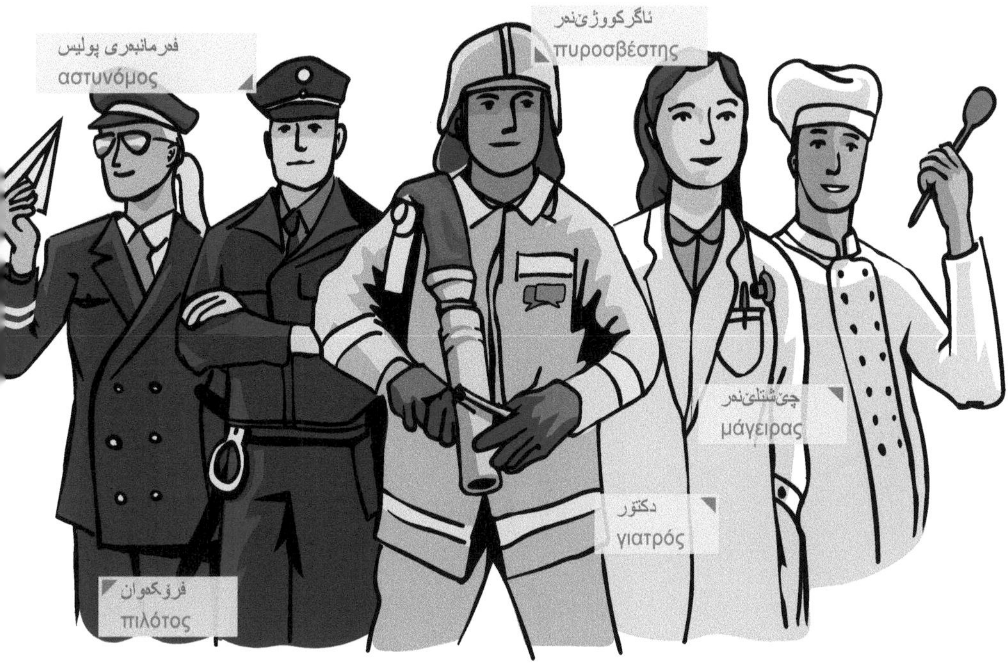

فەرمانبەری پولیس
αστυνόμος
ئاگرکووژێنەر
πυροσβέστης
چێشتلێنەر
μάγειρας
دکتۆر
γιατρός
فڕۆکەوان
πιλότος

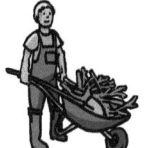

باخەوان

κηπουρός

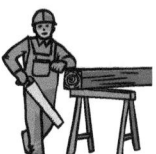

دارتاش، مەرەنگوێز

ξυλουργός

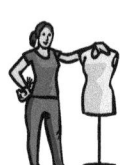

خەییات

μοδίστρα

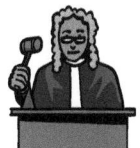

دادوەر

δικαστής

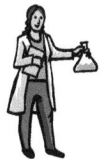

کیمیازان

χημικός

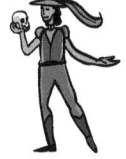

شانۆگەر، شانۆکار

ηθοποιός

شۆفێری پاس

οδηγός λεωφορείου

شۆفێر تاکسی

ταξιτζής

ماسیگر

ψαράς

کلـفعت

καθαρίστρια

وهستای سهربان

τεχνίτης στεγών

خزمهتکار

σερβιτόρος

ڕاوچی

κυνηγός

بۆیاخچی

ζωγράφος

نانکهر

αρτοποιός

کارهباچی

ηλεκτρολόγος

بهننا

οικοδόμος

نهنازیار

μηχανολόγος

قهساب

κρεοπώλης

وهستای بۆری

υδραυλικός

پۆستهچی

ταχυδρόμος

سهرباز

στρατιώτης

نهخشهکێش

αρχιτέκτονας

ژمێریار، خهزمندار

ταμίας

گوڵفرۆش

ανθοπώλης

نارایشگهر

κομμωτής

گهیشینهر

ελεγκτής εισιτηρίων

میکانیک

μηχανικός

کهشتیوان

καπετάνιος

ددانساز، دۆکتۆری ددان

οδοντίατρος

زانا

επιστήμονας

مهلای جوولهکان

ραβίνος

نێمام

ιμάμης

کهسی ئایینی

μοναχός

قهشه

ιερέας

ئامراز و کەرەستە

εργαλεία

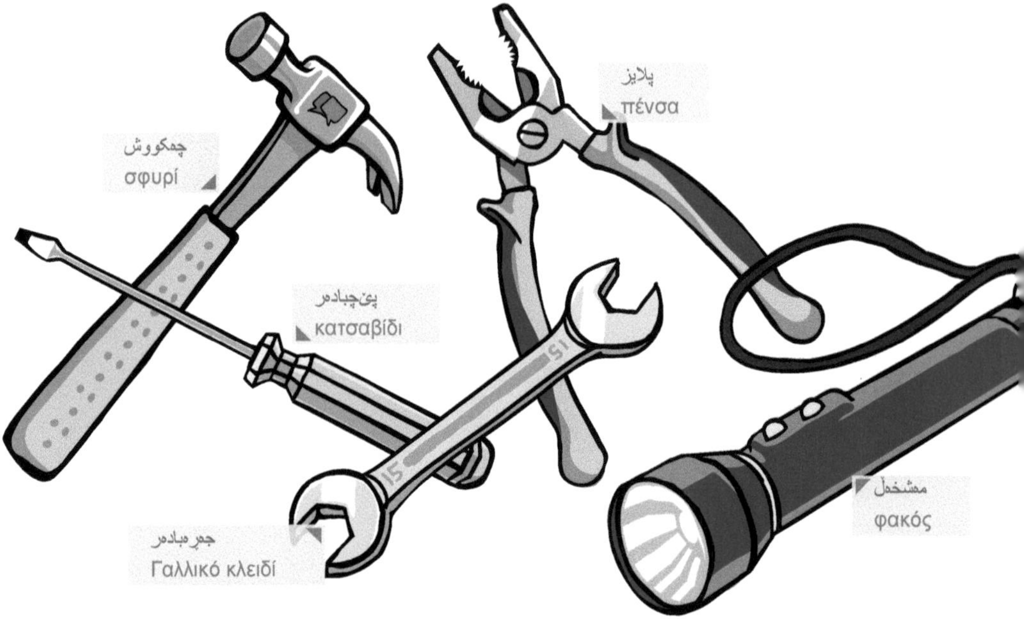

چەکووش
σφυρί
پلایز
πένσα
پێچبادەر
κατσαβίδι
جەڕەبادەر
Γαλλικό κλειδί
مەشخەڵ
φακός

شۆفڵ

εκσκαφέας

سندووقی ئامراز

εργαλειοθήκη

پەیژە

σκάλα

مشار

πριόνι

بزمارەکان

καρφιά

کونکەرە

τρυπάνι

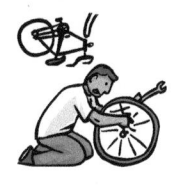

چاککردنەوە

επισκευάζω

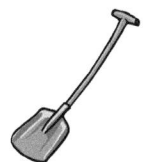

پێمەڕە

φτυάρι

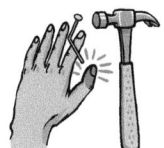

نەفرەت!

Να πάρει!

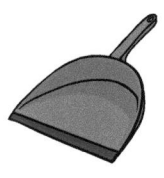

خاکەناز

φαράσι

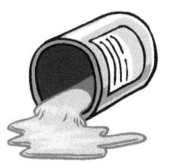

قتووی بۆیاخ

δοχείο χρωμάτων

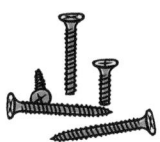

پێچەکان، جەڕەکان

βίδες

ئامێرەکانی مووزیک

μουσικά όργανα

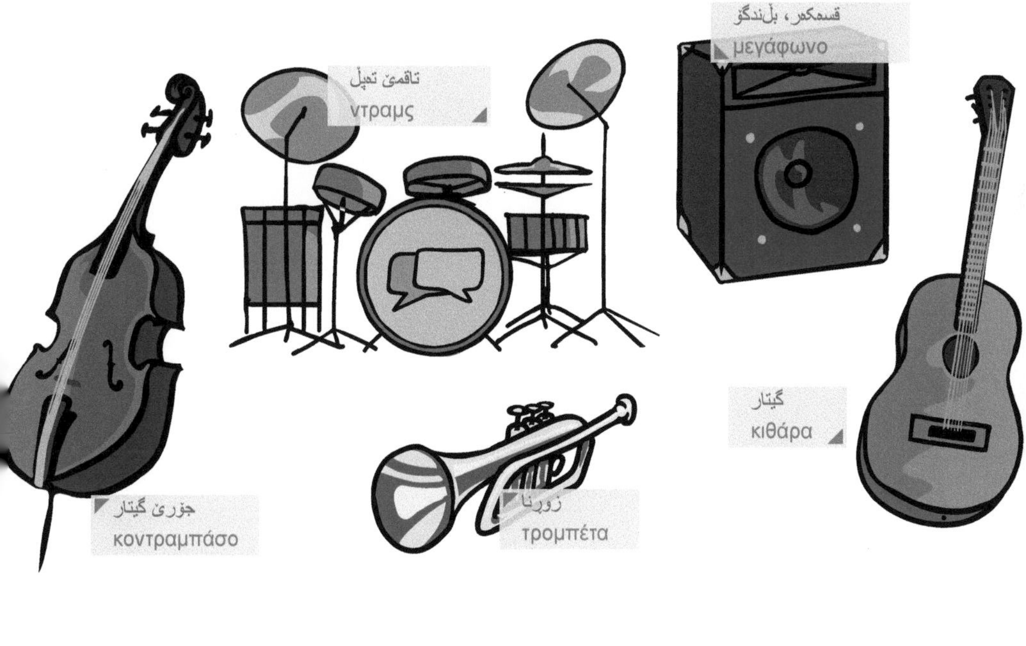
قسەکەر، بڵندگۆ
μεγάφωνο
تاقمی تەپڵ
ντραμς
گیتار
κιθάρα
جۆرێ گیتار
κοντραμπάσο
زوڕنا
τρομπέτα

پیانۆ

πιάνο

کەمانچه

βιολί

گیتار

μπάσο

دەمھۆڵ

τύμπανα

تەپڵ

τύμπανο

تەختەکلیل

πλήκτρα

ساکسافۆن

σαξόφωνο

فلووت، شمشاڵ

φλάουτο

مایکرۆفۆن

μικρόφωνο

باخچەی ئاژەڵان

ζωολογικός κήπος

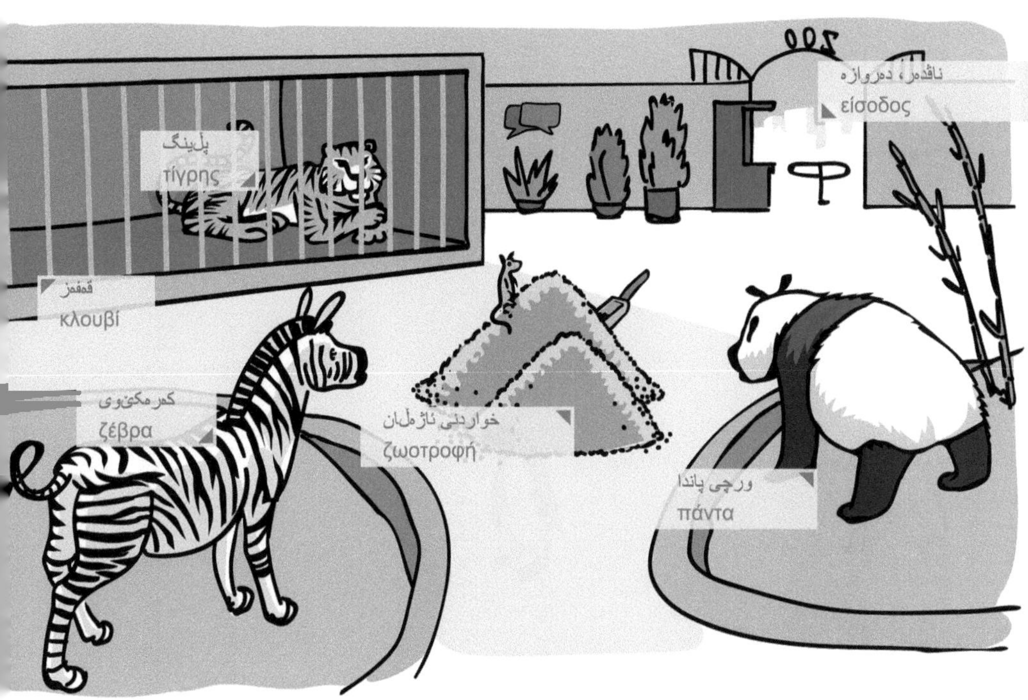

ZOO
ناڤەر، دەروازە
είσοδος
پڵینگ
τίγρης
قەفەز
κλουβί
کەرەکێوی
ζέβρα
خواردنی ئاژەڵان
ζωοτροφή
ورچی پاندا
πάντα

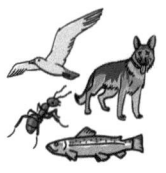

ئاژەڵەکان

ζώα

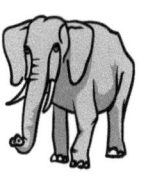

فیل

ελέφαντας

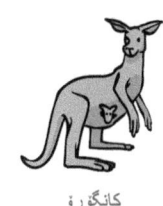

کانگۆرۆ

καγκουρό

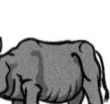

کەرکەدەن

ρινόκερος

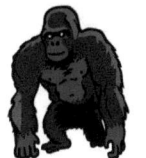

گۆریلا

γορίλας

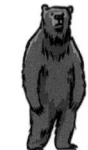

ورچ

αρκούδα

وشتر

καμήλα

وشترمرﯾشک

στρουθοκάμηλος

شﯿر

λιοντάρι

مﯿمﯫن

πίθηκος

فلامﯿنگﯫ

φλαμίνγκο

تﯫﯬتﯽ

παπαγάλος

ﯬرچﯽ جﮩمسﯫرﯼ

πολική αρκούδα

پﯫنگﯬﯾن

πιγκουίνος

قرش، سﮔماﯨﯽ

καρχαρίας

تاﯬﯬس

παγώνι

مار

φίδι

تﯿمساح

κροκόδειλος

پارﯦزمرﯼ باخچﮥﯽ ناﮊﯫلان

φύλακας ζωολογικού κήπου

سﮔﯽ درﯾاﯾﯽ

φώκια

پلﯿنگ

τζάγκουαρ

60   باخچﮥﯽ ناﮊﯫلان - ζωολογικός κήπος

ئەسپی قەزمم
....
πόνυ

پشیلەی پلّینگی
....
λεοπάρδαλη

ئەسپی ئاوی
....
ιπποπόταμος

زمرافە
....
καμηλοπάρδαλη

هەڵۆ
....
αετός

بەرازی کێوی
....
αγριογούρουνο

ماسی
....
ψάρι

کیسەڵ
....
χελώνα

وائریاس، ئاژەڵ ەنکی دەریایی
....
θαλάσσιος ίππος

ڕێوی
....
αλεπού

ناسک
....
γαζέλα

تۆپی پێی ئەمریکی
Αμερικάνικο ποδόσφαιρο

دووچرخەسوارین
ποδηλασία

تێنیس
αντισφαίριση

تۆپی باسکه
μπάσκετ

مەلەکردن
κολύμβηση

هۆکی سەر سەهۆڵ
χόκεϊ επί πάγου

بۆکسین
πυγμαχία

فووتبۆڵ
ποδόσφαιρο

بەدمینتۆن
μπάντμιντον

وەرزشوان
στίβος

هەندباڵ
χάντμπολ

خلیسکێن
σκι

پۆلۆ
πόλο

پێکەنین
γελάω

باڵاکردن
πηδάω

لەباوەشگرتن، لەئامێزگرتن
αγκαλιάζω

بەڕێدارۆیشتن، پیاسەکردن
περπατάω

گۆرانی خوێندن
τραγουδάω

خەون دیتن، خەون بینین
ονειρεύομαι

پارانەوە، نوێژکردن
προσεύχομαι

ماچکردن
φιλάω

نووسین
γράφω

وێنەکێشان
σχεδιάζω

نیشاندان
δείχνω

پاڵ پێوەنان
πιέζω

دان
δίνω

هەڵگرتن
παίρνω

همبوون

έχω

کردن

κάνω

بوون

είμαι

ڕاوەستان

στέκομαι

هەڵاتن

τρέχω

کێشان

τραβάω

هاویشتن

ρίχνω

کەوتن

πέφτω

درۆکردن

ξαπλώνω

چاوەڕێبوون

περιμένω

هەڵگرتن

κουβαλώ

دانیشتن

κάθομαι

جل لەبەرکردن

φοράω

خەوتن

κοιμάμαι

لەخەوهەستان

ξυπνάω

چالاکیەکان - δραστηριότητες

چاولێکردن

κοιτάω

گریان

κλαίω

جهڵتهڵهڵیدان

χαϊδεύω

قژ داهێنان، شانهکردن

χτενίζω

قسهکردن

μιλάω

تێگهیشتن

καταλαβαίνω

پرسیارکردن، پرسین

ρωτάω

گوێراگرتن

ακούω

خواردنهوه

πίνω

خواردن

τρώω

رێکوپێک کردن

συγυρίζω

خۆشویستن

αγαπάω

چێش لێنان

μαγειρεύω

شۆفێری کردن

οδηγώ

فرین

πετάω

کەشتیوانی

κάνω ιστιοπλοΐα

حساب‌کردن، ژماردن

υπολογίζω

خوێندنەوە

διαβάζω

فێربوون

μαθαίνω

کارکردن

δουλεύω

ژ هماوهندکردن

παντρεύομαι

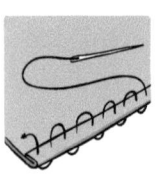

دورین، دورومانکردن

ράβω

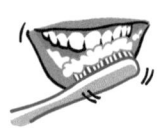

فڵچە لەددان دان

βουρτσίζω τα δόντια

کوشتن

σκοτώνω

جگەرەمکێشان

καπνίζω

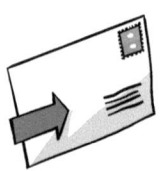

ناردن

στέλνω

دایمگەورە
γιαγιά

باوکمگەورە
παππούς

باوک، باب
πατέρας

دایک
μητέρα

مندالٚی ساوا
μωρό

کچ
κόρη

کور
γιος

میوان
καλεσμένος

پوور
θεία

مام، خاڵ
θείος

برا
αδελφός

خوشک
αδελφή

جەستە، لەش

σώμα

ناوچاوان، توێڵ
μέτωπο
چاو
μάτι
شان
ώμος
قامک
δάχτυλο
دەموچاو، ڕوومەت
πρόσωπο
چەنە
πιγούνι
دەست
χέρι
لاق
πόδι
سنگ
στήθος
باسک، قۆڵ
βραχίονας

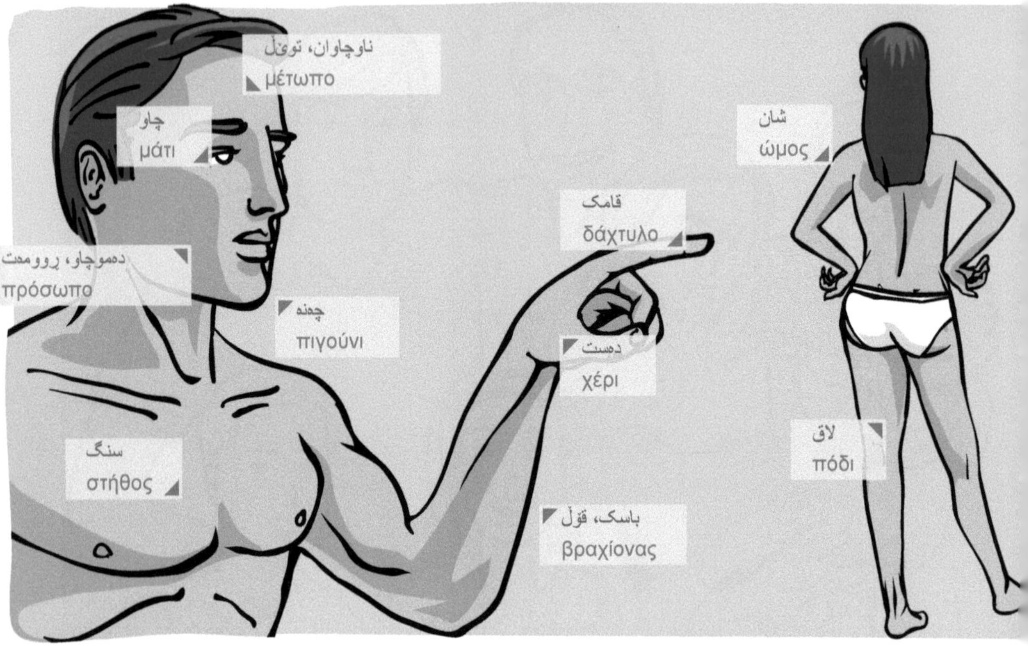

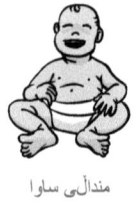

منداڵی ساوا

μωρό

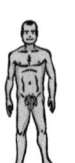

پیاو

άνδρας

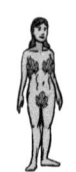

ژن

γυναίκα

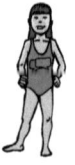

کچ

κορίτσι

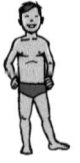

کوڕ

αγόρι

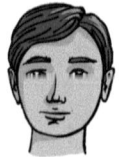

سەر

κεφάλι

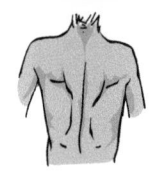

پشت

πλάτη

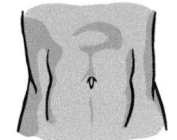

زگ

κοιλιά

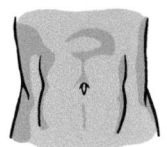

ناوک

αφαλός

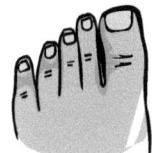

قامکی پێ

δάχτυλο ποδιού

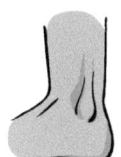

پاژنهی پێ

φτέρνα

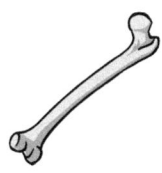

ئێسقان، ئێسک

κόκκαλο

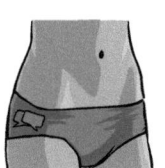

سمت

γοφός

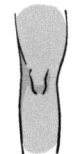

ئهژنۆ

γόνατο

ئانیشک

αγκώνας

لووت

μύτη

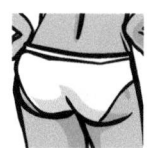

قوون

γλουτός

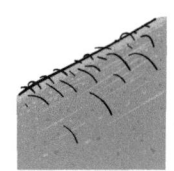

پێست

δέρμα

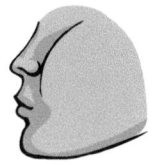

گۆنپ

μάγουλο

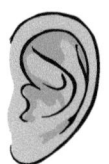

گوێ

αυτί

لێو

χείλος

دم، زار

στόμα

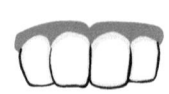

ددان

δόντι

زمان

γλώσσα

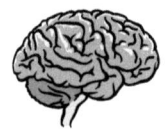

مێشک

εγκέφαλος

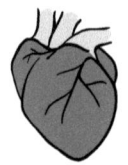

دڵ

καρδιά

ماسوولکه

μυς

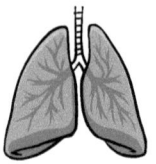

سیپلاک، سی

πνεύμονας

جەرگ

συκώτι

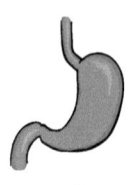

گەدە

στομάχι

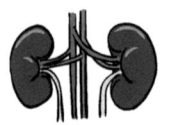

گورچیله

νεφρά

سێکس

σεξουαλική επαφή

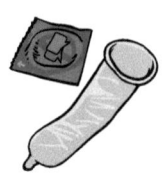

کۆندۆم

προφυλακτικό

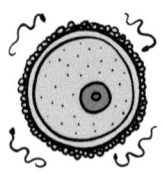

توو، هێلکە

ωάριο

تۆو

σπέρμα

دووگیانی

εγκυμοσύνη

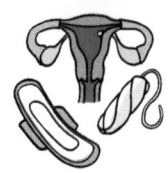

کەوتنه سهر خوێن

περίοδος

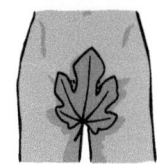

زێ

γυναικείος κόλπος

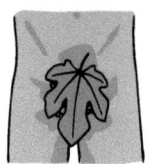

کێر

πέος

برۆ

φρύδι

قژ

μαλλιά

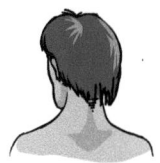

مل

λαιμός

نەخۆشخانە، خەستەخانە

νοσοκομείο

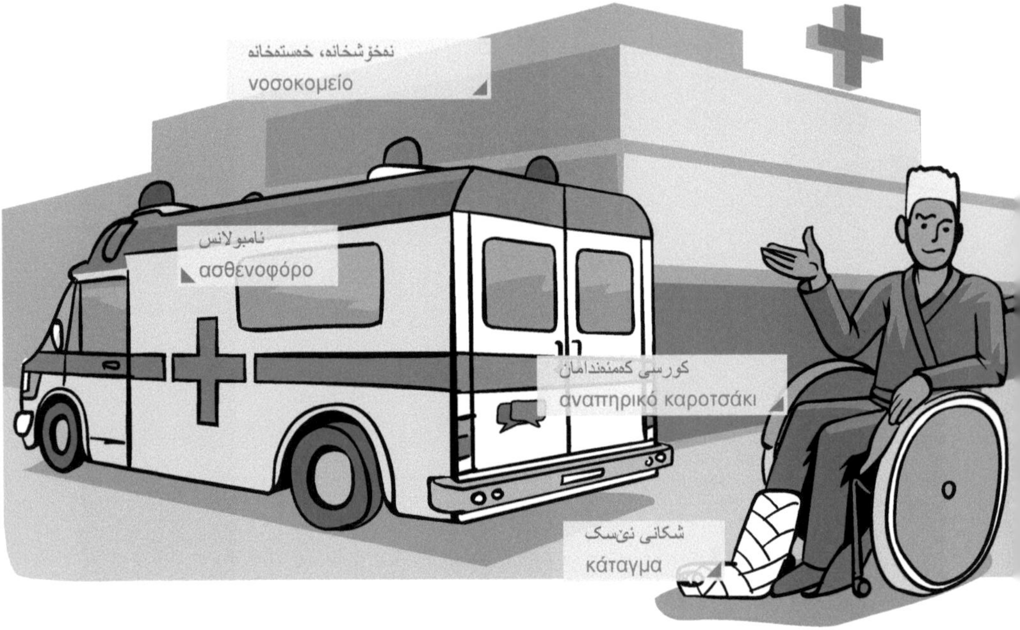

نەخۆشخانە، خەستەخانە
νοσοκομείο
ئامبولانس
ασθενοφόρο
کورسی کەمئەندامان
αναπηρικό καροτσάκι
شکانی ئێسک
κάταγμα

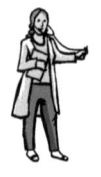

دکتۆر

γιατρός

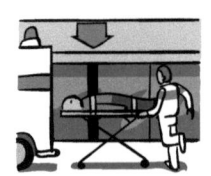

ژووری فریاکەوتن

μονάδα εντατικής θεραπείας

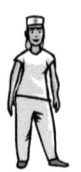

نەخۆشوان

νοσοκόμα

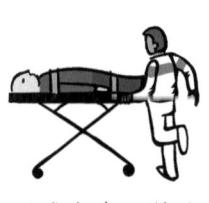

ئورژانس، بەشی فریاکەوتن

έκτακτη ανάγκη

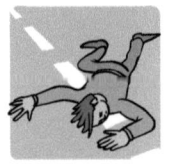

بێهۆش

λιπόθυμος

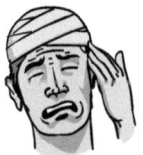

ژان، ئێش

πόνος

برینداری

τραύμα

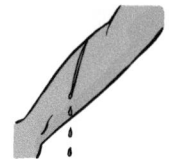

خوێنبەڕێژی

αιμορραγία

جەڵتەی دڵ

έμφραγμα

جەڵتە

εγκεφαλικό

ئالێرژی، هەستیاری

αλλεργία

کۆخە

βήχας

تا

πυρετός

ئەنفلۆنزا

γρίπη

زگچوون

διάρροια

سەرێشە، ژانەسەر

πονοκέφαλος

سەرەتان

καρκίνος

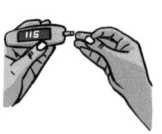

شەکرە

διαβήτης

نەشتەرگەر

χειρουργός

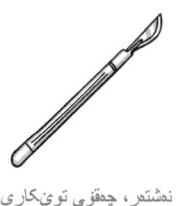

نەشتەر، چەقۆی تویکاری

νυστέρι

نەشتەرگەری

εγχείρηση

CT

ئێشکی ئێنکس

αξονική τομογραφία

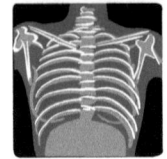

تیشکی ئێنکس

ακτινογραφία

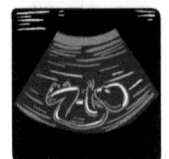

نۆلترا ساوند

υπέρηχος

ماسکی ڕوومعت

μάσκα

نهخۆشی

ασθένεια

ژووری چاودێرێبوون

αίθουσα αναμονής

گۆچان

πατερίτσα

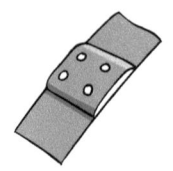

مشما

χάνσαπλαστ

برین پێچ

επίδεσμος

دەرزی لێدان

ένεση

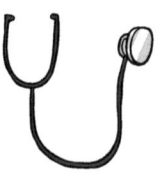

بیستۆکی پزیشک

στηθοσκόπιο

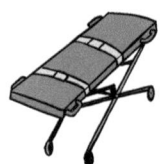

داربەست

φορείο

گەرماپێوی کلینیکی

θερμόμετρο

لەدایکبوون

γέννηση

زیادمکێنشن/قەڵەو یی

υπέρβαρο

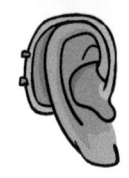

بیستۆک
ακουστικό βαρηκοΐας

میکرۆبکوژ
αντισηπτικό

چلک
λοίμωξη

ویروس
ιός

ئەیدز
HIV/AIDS

دەرمان
φάρμακο

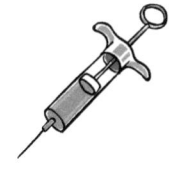

کوتان
εμβολιασμός

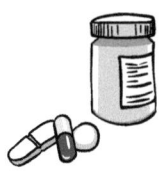

حەب
δισκία

حەب
χάπι

تەلەفۆنی فریاکەوتن
κλήση έκτακτης ανάγκης

پیشانگەری پەستانی خوێن
πιεσόμετρο αίματος

نەخۆش / سڵامەت
άρρωστος / υγιής

يارمەتى!

Βοήθεια!

ناگادارکردنەوە، نەلارم

συναγερμός

دەستدرێژی

βιαιοπραγία

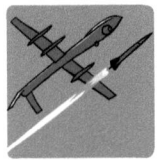

هێرشکردن

επίθεση

مەترسى

κίνδυνος

چوونەدەرەومی ئورژانس

έξοδος κινδύνου

ناگر!

Φωτιά!

ناگرکوژێنەوە

πυροσβεστήρας

رووداو، پێشهات

ατύχημα

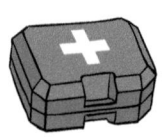

قوتووی یارمەتی فریاکەوتن

κουτί πρώτων βοηθειών

SOS

SOS

پۆلیس

αστυνομία

ئەوروپا

Ευρώπη

ئەمریکای باکوور

Βόρεια Αμερική

ئەمریکاری باشوور

Νότια Αμερική

ئافریقا

Αφρική

ناسیا

Ασία

ئوسترالیا

Αυστραλία

ئەتلەسی، ئۆقیانووسی ئەتلەسی

Ατλαντικός Ωκεανός

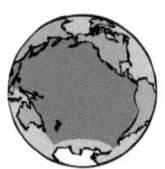

زەریای هێمن

Ειρηνικός Ωκεανός

ئۆقیانووسی هیندی

Ινδικός Ωκεανός

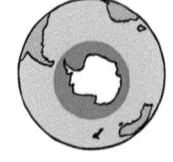

ئۆقیانووسی جەمسەری باشوور

Ανταρκτικός Ωκεανός

ئۆقیانووسی جەمسەری باکوور

Αρκτικός Ωκεανός

جەمسەری باکوور

Βόρειος Πόλος

جەمسەری باشوور
....
Νότιος Πόλος

ناوچەی جەمسەری باشوور
....
Ανταρκτική

نەرز، زەوی
....
Γη

خاک، وشکانی
....
γη

دەریا، زەریا
....
θάλασσα

دوورگە
....
νησί

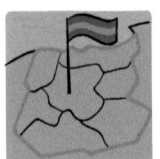

گەل، نەتەوە
....
έθνος

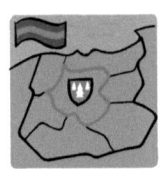

ولات، پارێزگا، دەولەت
....
πολιτεία

روخساری کاتژمێر

καντράν ρολογιού

نیشاندەری کاتژمێر

ωροδείκτης

نیشاندەری خولەک

λεπτοδείκτης

دەستی دوو

δείκτης δευτερολέπτων

کاتژمێر چەندە؟، سەعات چەندە؟

Τι ώρα είναι;

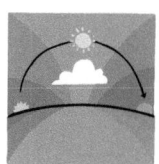

ڕۆژ

ημέρα

کات، زەمان

χρόνος

ئێستا، هەنووکە

τώρα

کاتژمێری دیجیتاڵی

ψηφιακό ρολόι

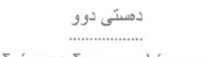

خولەک

λεπτό

کاتژمێر

ώρα

εβδομάδα

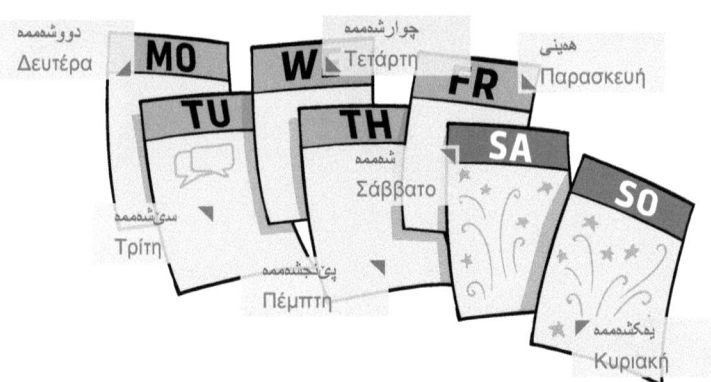

دووشەممە
Δευτέρα

چوارشەممە
Τετάρτη

هەینی
Παρασκευή

TU

TH

SA

SO

MO

W

FR

شەممە
Σάββατο

سێشەممە
Τρίτη

پێنجشەممە
Πέμπτη

یەکشەممە
Κυριακή

دوێنێ
χθες

ئەمڕۆ، ئەوڕۆ
σήμερα

سبەینێ
αύριο

بەیانی
πρωί

نیوەڕۆ
μεσημέρι

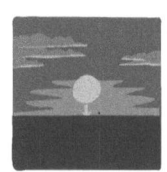

ئێوارە
βράδυ

ڕۆژی کار
εργάσιμες ημέρες

کۆتایی هەفتە
Σαββατοκύριακο

ساڵ
έτος

باران
βροχή
کۆلکەزێرینە
ουράνιο τόξο
بازکردن
άνεμος
بەفر
χιόνι
بەهار
άνοιξη
هاوین
καλοκαίρι
پاییز
φθινόπωρο
زستان
χειμώνας

4.APRIL 11°
5.APRIL 4°
6.APRIL 13°
7.APRIL 8°
8.APRIL 10°

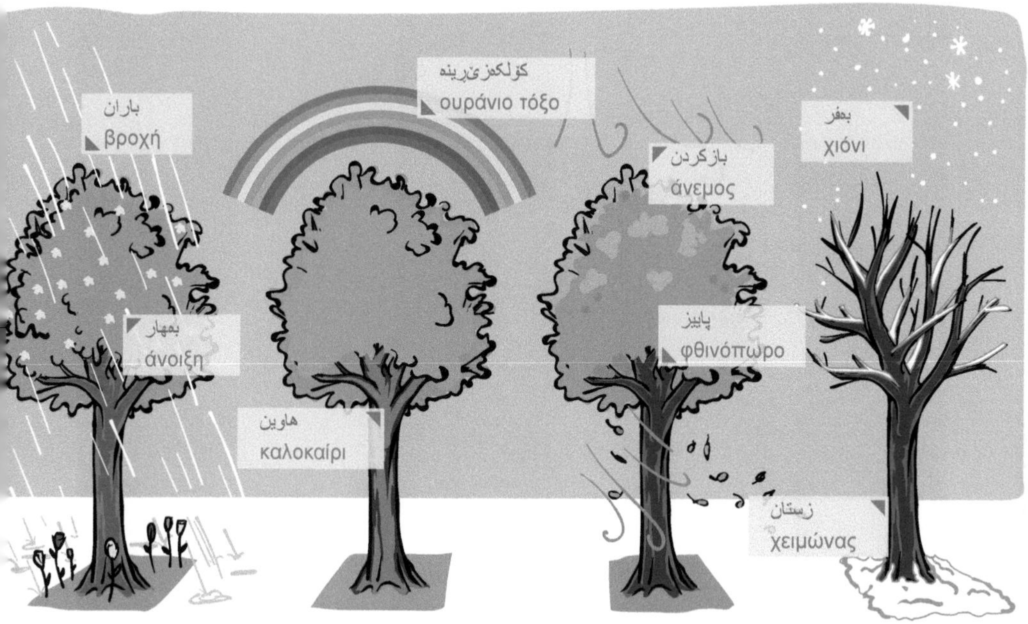

پێشبینی هەوا

πρόγνωση καιρού

F C
120 40
90 30
60 20
30 10
0 0
-30 -10
-20

گەرماپێو

θερμόμετρο

خۆرەتاو

λιακάδα

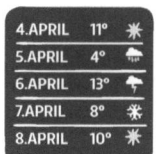

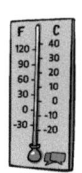

هەور

σύννεφο

تەمومژ

ομίχλη

تەڕایی

υγρασία

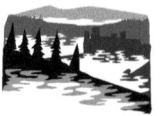

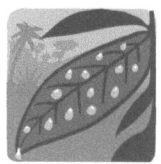

همورمترِیشقه، برووسکه
αστραπή

همورمگرمه
κεραυνός

باوبۆران، تۆفان
καταιγίδα

تەرزە
χαλάζι

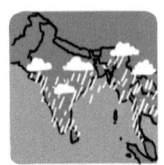

مانسوون
μουσώνας

لافاو
πλημμύρα

سەهۆڵ
πάγος

جانیومەری
Ιανουάριος

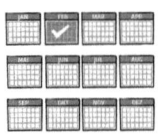

فۆبریومەری
Φεβρουάριος

مارچ
Μάρτιος

نەیپریل
Απρίλιος

مەی
Μάιος

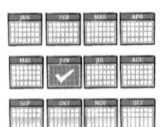

جوون
Ιούνιος

جوولای
Ιούλιος

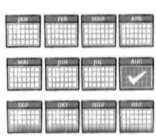

ئۆگۆست
Αύγουστος

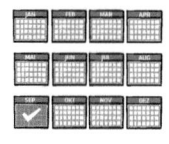

سێپتەمبەر

Σεπτέμβριος

ئۆکتۆبەر

Οκτώβριος

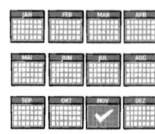

نۆڤەمبەر

Νοέμβριος

دێسەمبەر

Δεκέμβριος

بازنە

κύκλος

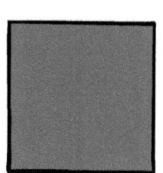

چوارگۆشە

τετράγωνο

چوارگۆشەی درێژ

ορθογώνιο
παραλληλόγραμμο

سێگۆشە

τρίγωνο

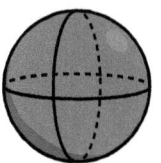

تۆپ، گۆ

σφαίρα

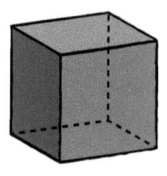

خشتەک

κύβος

سپی

άσπρο

زەرد

κίτρινο

پرتەقاڵیی

πορτοκαλί

پەمەیی

ροζ

سوور

κόκκινο

بنەوش

μωβ

شین

μπλε

سەوز

πράσινο

قاوەیی

καφέ

بۆر

γκρι

رەش

μαύρο

زۆر / کەم

πολύ / λίγο

توورە / لەسەرخۆ

θυμωμένος / ήρεμος

جوان / ناحەز

όμορφος / άσχημος

سەرەتا / کۆتایی

αρχή / τέλος

گەورە / چکۆلە

μεγάλος / μικρός

ڕووناک / تاریک

φωτεινός / σκοτεινός

برا / خوشک

αδελφός / αδελφή

خاوێن / چڵکن

καθαρός / λερωμένος

تەواو / ناتەواو

πλήρης / ατελής

ڕۆژ / شەو

ημέρα / νύχτα

مردوو / زیندوو

νεκρός / ζωντανός

پان / تەنگ

φαρδύς / στενός

خۆش / ناخۆش

βρώσιμος / μη βρώσιμος

نەمگریس / بەبەزەیی

κακός / ευγενικός

وروژاو / بێزار

ενθουσιασμένος /
βαριεστημένος

قەلەو / لاواز

παχύς / λεπτός

یەکەم / ناخر

πρώτος / τελευταίος

دۆست / دوژمن

φίλος / εχθρός

پڕ / خاڵی

γεμάτος / άδειος

ڕەق / نەرم

σκληρός / μαλακός

قورس / سووک

βαρύς / ελαφρύς

برسی / توونی

πείνα / δίψα

نەخۆش / سڵامەت

άρρωστος / υγιής

نایاسایی / یاسایی

παράνομος / νόμιμος

زیرەک / گەمژە

έξυπνος / χαζός

چەپ / ڕاست

αριστερός / δεξιός

نزیک / دوور

κοντινός / μακρινός

نوئ / کۆن، بەکارهاتوو

καινούριος / μεταχειρισμένος

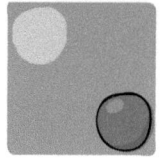

هیچ شتێک / شتێک

τίποτα / κάτι

پیر / لاو

γέρος | νέος

هەڵکراو / کوژاوه

αναμμένος / σβηστός

کراوه / داخراو

ανοιχτός / κλειστός

بێدەنگ / دەنگی بەرز

χαμηλόφωνος / μεγαλόφωνος

دەوڵەمەند / هەژار

πλούσιος / φτωχός

ڕاست / هەڵه

σωστός / λανθασμένος

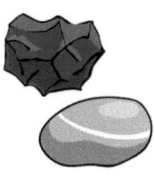

زبر / ساف

τραχύς / λείος

خەمین / خۆشحاڵ

λυπημένος / χαρούμενος

کورت / درێژ

κοντός / μακρύς

هێواش / خێرا

αργός / γρήγορος

تەڕ / وشک

υγρός / στεγνός

گەرم / فێنک

ζεστός / δροσερός

شەڕ / ناشتی

πόλεμος / ειρήνη

0	1	2
سیفر	یەک	دوو
μηδέν	ένα	δύο

3	4	5
سێ	چوار	پێنج
τρία	τέσσερα	πέντε

6	7	8
شەش	حەوت	هەشت
έξι	εφτά	οκτώ

9	10	11
نۆ	دە	یازده
εννιά	δέκα	έντεκα

12

دوازده

δώδεκα

13

سێزده

δεκατρία

14

چوارده

δεκατέσσερα

15

پازده، پانزه

δεκαπέντε

16

شازده

δεκαέξι

17

حەفدە

δεκαεφτά

18

هەژده

δεκαοκτώ

19

نۆزده

δεκαεννέα

20

بیست

είκοσι

100

سەد

εκατό

1.000

هەزار

χίλια

1.000.000

میلیۆن

εκατομμύριο

نینگلیزی

Αγγλικά

ئینگلیزی ئەمەریکی

Αμερικάνικα Αγγλικά

چینی ماندارین

Μανδαρίνικα Κινέζικα

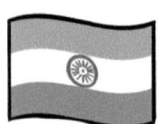

هیندی

Χίντι

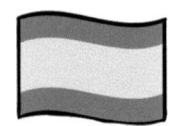

ئیسپانی

Ισπανικά

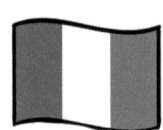

فەرەنسی

Γαλλικά

عەرەبی

Αραβικά

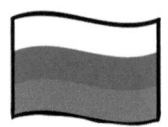

رووسی

Ρώσικα

پۆرتوگالی

Πορτογαλικά

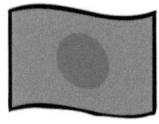

بەنگالی

Μπενγκάλι

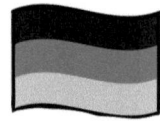

ئاڵمانی

Γερμανικά

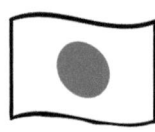

ژاپۆنی

Ιαπωνικά

من

εγώ

تۆ

εσύ

ئەمو

αυτός / αυτή / αυτό

ئێمە

εμείς

ئێوه

εσείς

ئەوان

αυτοί / αυτές / αυτά

کێ؟

ποιος / ποια / ποιο;

چی؟

τι;

چۆن؟

πώς;

لەکوێ؟

πού;

کەنگێ؟ کەی؟

πότε;

ناو

όνομα

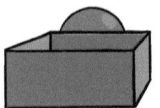

لەپشت

πίσω

لە

μέσα

لەپێش

μπροστά

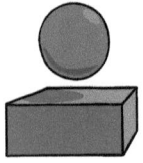

سەرێ

πάνω από

لەسەر

πάνω

ژێر

κάτω

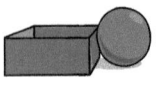

لە تەنیشت

δίπλα

لەنێوان

ανάμεσα

شوێن، جێ

μέρος